せっかちな
わたしが
毎日
作っている
72品

平野レミの自炊ごはん

料理愛好家
平野レミ

ダイヤモンド社

はじめに

みんな、知ってた？　自炊のいいところは、なんて言ったって、自分が自分のために好きなものを作れること。決まりごと、一切なし！　料理に正解はないから、自由にやっちゃっていいの。

便利な世の中だから、外食や出来合いのもので済ませることもできるけど、栄養バランスを考えたら案外高くなっちゃうでしょ？　でも、自炊なら野菜もたっぷり摂れて体にもいいし、安上がり！　今はスーパーでカット野菜やお肉の少量パック、魚の切り身1枚で売っているから、使いきれずに無駄になっちゃうことも少なくなりました。いい時代ね～。

この本は、夫の和田さんがいなくなって未亡人になっちゃってから、「味望人《みぼうじん》レシピ」として生まれました。私と同じような境遇のみなさんはもちろん、若い独身の人や新生活を始める人にも、料理を作る喜び、食べる楽しさを知っていてほしい！　味を望むすべての人（＝味望人）のために、ひとりぶんでも面倒なく作れちゃうかんたんな料理ばかり紹介しています。ぜーんぶ自宅の食器に盛りつけたから、私の食卓そのものよ。

あんまり自炊してこなかった人でも全然へーキ！　切って混ぜるだけ、フライパンで焼くだけで作れちゃうんだから、自由にレパートリーを広げていってちょうだいね。とにかく全部かんたんなものだから、みんなでお料理作りましょ!!

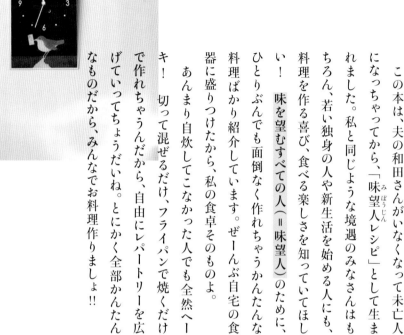

レシピを読む前に

- 計量単位は1カップ＝200㎖、大さじ1＝15㎖、小さじ1＝5㎖です
- 電子レンジ（レンチン）は600Wのものを使っています。500Wの場合は加熱時間を1.2倍にしてください。機種によって多少差があるので、様子を見て加減してください
- 鶏がらスープは塩分の入っていない希釈タイプを使っています。顆粒など塩分が入っているものを使う場合は、塩加減を調整してください
- 梅干しは塩分8％のものを使っています。異なる場合、塩加減を調整してください

野菜は、肉の3倍もりもり食べまーす!

家族みんながいつも
元気でいられるために、
「野菜は肉の3倍食べて」と
口酸っぱく言ってきました。
私の大好物はトマトだし、
毎日野菜が中心にあるから、
おかげで元気モリモリ
風邪をめったに引かないの。
いろんな野菜をそろえなくても、
1種類の野菜でも十分よ!
お気に入りのドレッシングも
覚えておくといいわよ〜。

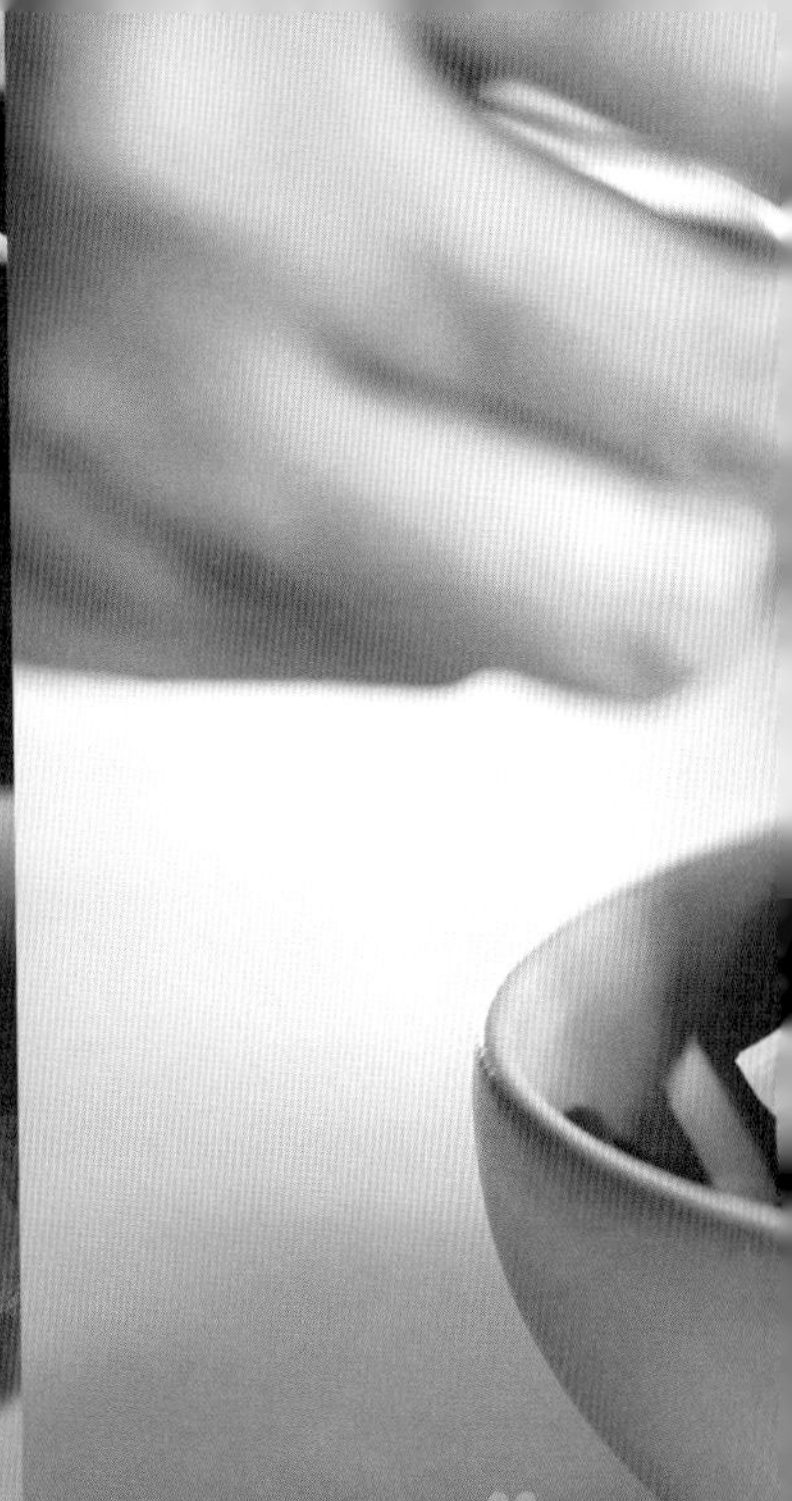

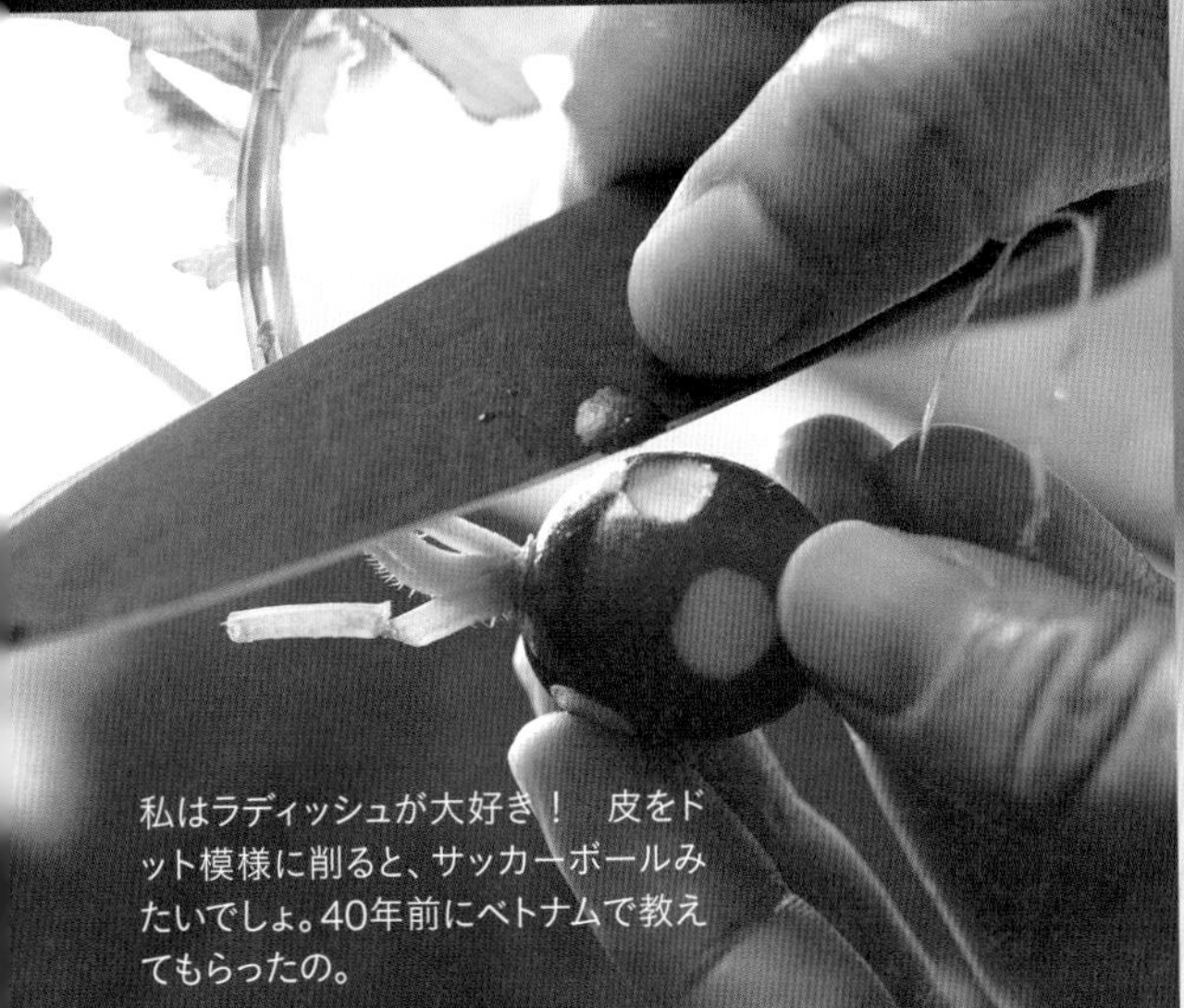

私はラディッシュが大好き！　皮をドット模様に削ると、サッカーボールみたいでしょ。40年前にベトナムで教えてもらったの。

”あれこれ野菜がないときは、
1種類でもサラダになるわよ。
自分の「推し野菜」を見つけてみて～！“

好きな野菜を用意して
かけるだけ！

レミ流
ドレッシング4種

作り方（すべて共通）

それぞれ、器にすべての材料を入れてよく混ぜる。

洋風

私の一番のお気に入り

材料（1～2食分）

オリーブオイル…大さじ1
マヨネーズ…大さじ1
レモン汁…小さじ1
はちみつ…小さじ1
塩…小さじ¼
こしょう…少々

タイ風

さっぱりでクセになる！

材料（1～2食分）

ナンプラー…大さじ1
レモン汁…大さじ1
砂糖…大さじ1
赤唐辛子（輪切り）…少々
ピーナッツ（砕く）…少々

韓国風

食欲そそるチョレギサラダに

材料(1〜2食分)

しょうゆ…大さじ1
ごま油…小さじ2
酢…大さじ½
砂糖…小さじ½
おろしにんにく…少々
一味唐辛子(お好みで)…少々

和風

玉ねぎが甘く、
葉っぱによくからみます！

材料(1〜2食分)

炒め玉ねぎ(市販)…1袋(180g)
ポン酢…大さじ3
＊自分で炒め玉ねぎを作る場合は、フライパンに油をひき、玉ねぎ(みじん切り)2個分を飴色になるまで気長に炒める

推し野菜だけサラダ

ピーマンだけサラダ

材料（1人分）

ピーマン（縦半分に切り、
　種を除いて1㎝幅に切る）…３個
塩昆布…大さじ2
白ごま…少々
ごま油…大さじ1

作り方

器にピーマンと塩昆布、ごま油を入れて混ぜ、5分ほどなじませ、白ごまをふる。

“生のピーマン、
食べたことある？
おいしいわよ〜。
シャキッとした歯ざわりを
楽しんでね！”

にんじんだけサラダ

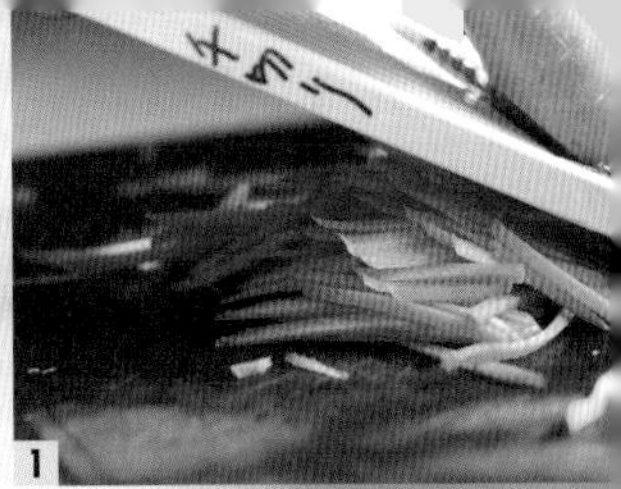
1

材料（1〜2食分）

にんじん…1本（150g）
塩…小さじ½
A
- オレンジジュース（果汁100%）…大さじ5
- レーズン…大さじ3
- ハーブ塩…小さじ½
- クミンパウダー…少々
- オリーブオイル…大さじ1

パセリ（お好みで）…適量

作り方

1 にんじんはせん切り器で切る 1 。

2 ボウルに1のにんじんと塩を入れて混ぜ、レンジで1分〜1分30秒チンし、粗熱が取れたらペーパーで水気をふく。

3 Aを加えて混ぜ、10分なじませる。器に盛り、お好みでパセリを添える。

”冷蔵庫の余ったジュースを使ってね！

スパイスと酸味がとってもよく合うサラダです。時間をおくと、さらにレーズンの甘みが出るの“

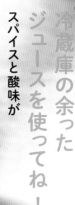

”包丁なし！
手でちぎるだけ〜！

梅とかつおがいい旨みになって、
箸が止まらないわよ。
お酒が好きな人は
おつまみにもいいんじゃない？“

キャベツだけサラダ

材料（1人分）

キャベツ…4〜5枚（150g）
梅干し…1〜2個（正味大さじ1）
マヨネーズ…大さじ1
しょうゆ…小さじ½
削り節（袋の上からもんで細かくする）…1袋（4.5g）

作り方

キャベツは手でちぎる 1 。梅干しは種を除いてフォークでつぶし、すべての材料を混ぜる。

1
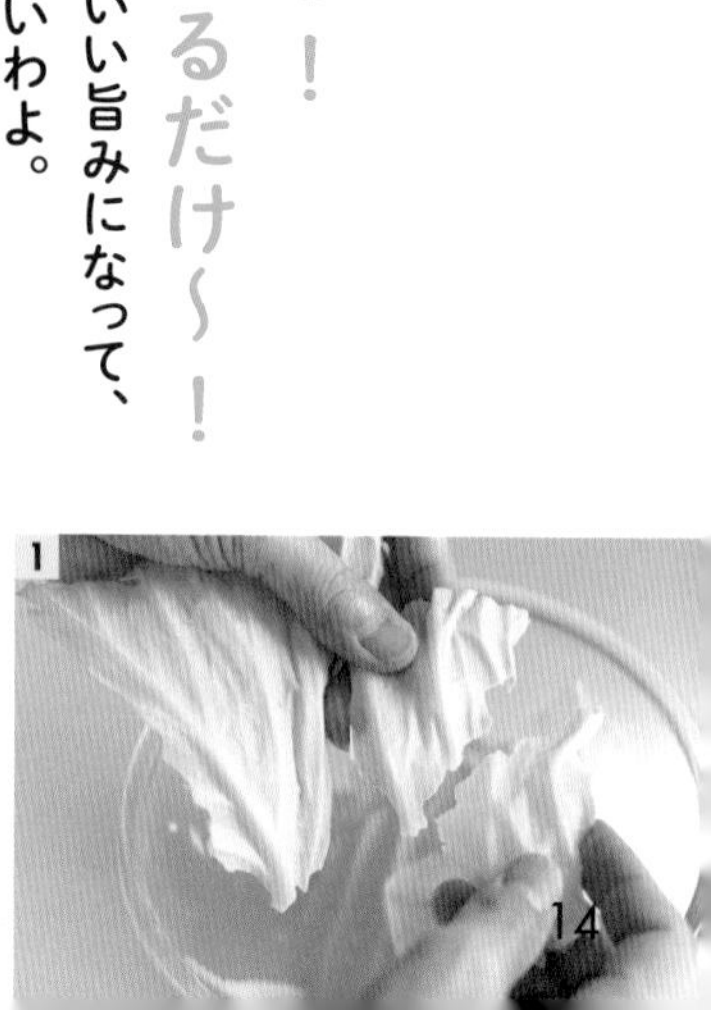

”「お茶漬けの素」って
使い道あるわよ。
味がしっかりしているし、
サクサクのあられもいい仕事するの。
今までで、いちばん文字が
少ないレシピかしら!?“

大根だけサラダ

材料（1人分）

大根（薄めのいちょう切り）…150g
のり茶漬けの素…1袋
ごま油…小さじ2

作り方

器にすべての材料を入れて混ぜる。追いのり（分量外）を散らしてもいい。

しんどい日は、フライパンで焼くだけで優勝！

“こんがりは、
おいしさの原点！
老若男女を虜《とりこ》にするの。
基本は放っておくだけ！
フライパンだけなら
洗い物も楽チン”

ただ焼いただけなのに、
ほめられるって
すごく嬉しいじゃない？
フライパン（レミパン・笑）
さまさまね！
コロコロ焼くもよし、
そのまま丸ごとでも豪快。
野菜をおいしく面白く食べる
とっておきの方法でーす！
（ひとりぶんなら、
レミパンミニがおすすめね）

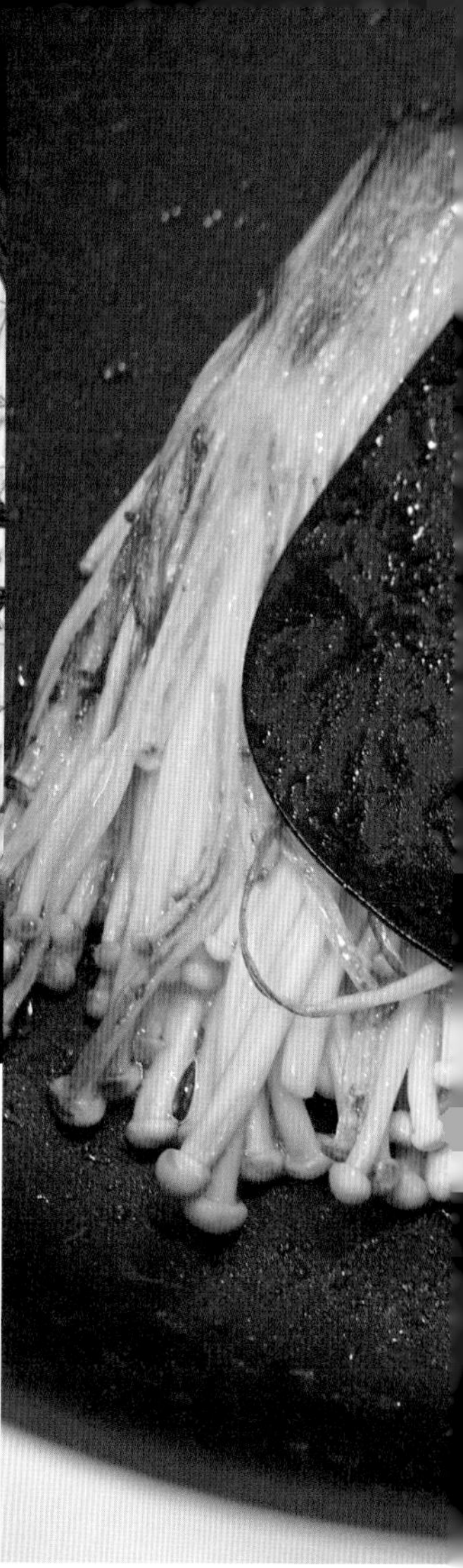

えのきだけ根

“香ばしさがたまらない
えのきが今日の主役！
脇役もいないんだけどね（笑）。
歯に詰まるのだけ気をつけて！”

材料（1人分）

えのきだけ…½袋（100g）
バター…10g
しょうゆ…小さじ½

作り方

1 えのきは石突きを切り落とす 1（バラバラにならないように端だけ）。

2 フライパンにバターを熱し、1を入れる。ヘラをギュッと当てながら、両面を平らに焼きつける。

3 しょうゆを側面から回し入れてからめ、器に盛る。

＊お好みでこしょうをふったり、レモンやかぼすを搾ってもおいしい

1

長ねぎの焼くだけ〜

材料（1人分）

長ねぎ…1本
オリーブオイル…大さじ½
ゆずこしょう…適量
ゆず（あれば）…適量

作り方

1 長ねぎは、フライパンの大きさに合わせて切る 1 （切り目を入れておくと食べやすい）。

2 フライパンにオリーブオイルを中火で熱し、長ねぎを焼き色がつくまで両面じっくり焼く。ゆずこしょうやゆず果汁をつけて食べる。

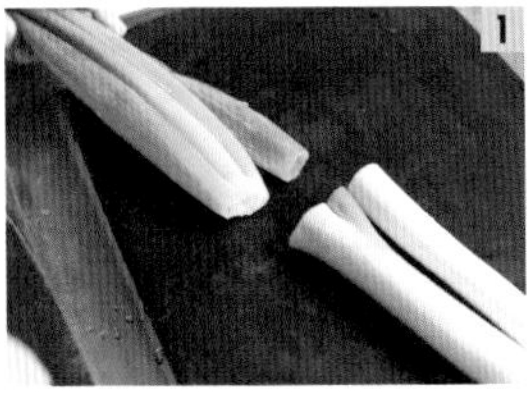

”さっと焼けて、
ころがす手間が少ないの。
食べるときは、
はさみで切っていただきます！“

”ホクッ、カリッ。
長いもは生でも食べられるから、
加熱時間が少ないのも
嬉しいわね“

長いもステーキ

材料（1人分）

長いも（皮をむいて
　1.5cm厚さの輪切り）…200g
オリーブオイル…大さじ1
A｜しょうゆ…大さじ1
　｜オリーブオイル
　｜　…大さじ½
ゆずの皮（すりおろし）…適量
クレソン（あれば）…適量

作り方

1 フライパンにオリーブオイルを熱し、長いもを両面こんがりするまで焼きつける。

2 1に合わせたAを入れ、長いもにからめて器に盛る。フライパンに残ったたれをかけ、ゆずの皮を散らしてクレソンを添える。

1

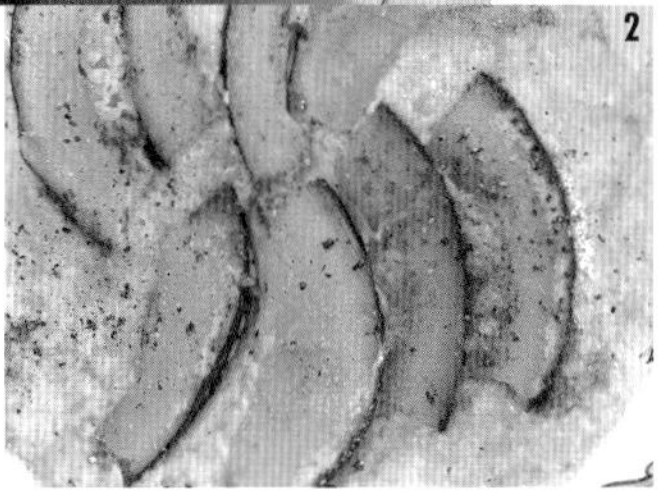

2

”小麦粉を使わないのに、
カリカリチーズがピザみたい！
満足感のあるメインディッシュ“

羽根つきかぼちゃ

材料（1～2食分）

かぼちゃ（ワタと種を除く）…150g
バター…10g
水…⅓カップ
ピザ用チーズ…60g
黒こしょう…適量

作り方

1 かぼちゃは皮をところどころむき、1㎝厚さに切る。

2 フライパンにバターを熱し、かぼちゃをさっと炒めて並べる 1 。水を注いでふたをし、中弱火で4～5分ほど蒸し焼きにする。

3 水分がなくなったらピザ用チーズを全体に散らし、チーズが溶けて焼き色がついてきたら火を止める。粗熱が取れたら返して器に盛り 2 、黒こしょうをふる。

＊メープルシロップをかけたり、アイスクリームを添えたら、甘じょっぱいデザートに変身！

ベジもち

材料（1〜2食分）

切りもち（4等分に切る）…2個
残り野菜（キャベツ、玉ねぎ、にんじん、長ねぎなど）…合わせて200g
ピザ用チーズ…50g
削り節…適量
しょうゆ…適量
サラダ油…大さじ½

1

作り方

1 フライパンに油をひき、もちを並べ、上から野菜をのせる **1**。

2 ふたをして弱火で7分加熱し、ピザ用チーズを散らして、さらに3分焼く。

3 返してふたを取ったままさらに3分焼き、器にひっくり返して盛る。削り節としょうゆをかける。

＊レミパンミニ20cmを使用。小さめのフライパンがぴったり！

“冷蔵庫の残り野菜、
余ったおもちを
フル活用！
野菜不足解消のランチにいかが？”

〝味望人《みぼうじん》〟こそ、お肉を食べましょ。

年を重ねるほど
なんだか食が細くなって、
料理が面倒になることも。
あまり手間をかけずに
手軽に栄養を摂るには、
やっぱりお肉！

鶏の焼くだけ〜

材料（1〜2食分）

鶏手羽中…7〜8本（200g）
ハーブ塩…小さじ½
マヨネーズ…大さじ1
レモン（くし切り）…適量

作り方

1 鶏手羽はハーブ塩をまぶす。

2 フライパンにマヨネーズを熱し、1を入れてふたをし、中弱火で片面にしっかり焼き色がつくまで3分ほど焼く。

3 返してさらに2〜3分、ふたを取ったままカリッとするまで焼く。器に盛り、レモンを添える。

”骨つきなら、食べごたえもしっかり。
お弁当に、ビールのお供に！
ヨーグルト+カレー粉でタンドリー風にしても“

どれもかんたんに作れて
初心者さんにもおすすめ。
野菜も食べてほしいけど、
メインが上手に作れたら
少しずつ品数を増やしてみてね。

”ついつい適当に済ませてしまいがちだけど
ひとりごはんこそ、栄養は大事よ。
「いつも元気ね」って言われたいし！“

“ボウルを使わずに、
パックの中で
混ぜちゃうの。
ギュッと押して成形したら、
フライパンに落とすだけ！
余熱で火を通すことで、
ふっくらやわらか～♪”

1

2

手間が半バーグ

材料（1人分）

合いびき肉…150g

A
- マヨネーズ…大さじ1
- 片栗粉…小さじ½
- 塩…ひとつまみ

サラダ油…少々

付け合わせ
- レモン、クレソン…各適量

レミグラスソース
- プレーンヨーグルト…大さじ1
- とんかつソース…大さじ½強
- ケチャップ…小さじ1
- クミンパウダー…小さじ1
- 塩…少々
- 黒こしょう…少々

作り方

1 パックに入ったままの合いびき肉にAを加えて混ぜ 1 、パックの中で軽く押すようにして成形する。

2 フライパンに油をひき、1をひっくり返して肉だねを入れ 2 、ふたをして火をつける。3分半～焼き色がついたら返し、ふたをしてさらに3分焼く。火を止め、5分ほど余熱で火を通す。

3 器に2と付け合わせを盛り、混ぜたレミグラスソースをかける。

＊エスニックでスパイシーな“レミグラスソース”が味の要！
＊クミンなど香辛料は冷凍庫で長持ちするからとっても便利!!

1

2

“甘辛だれでご飯が進む、進む！

ヤンニョムだれがレンジで楽チン。
ボリュームもあって扱いやすい、
とんかつ肉はひとりごはんの味方です”

ヤンニョム豚テキ

材料（1人分）

豚肩ロース肉（とんかつ用）
　…150g
砂糖…少々
塩…少々
片栗粉…小さじ2

A
- 長ねぎ（みじん切り）…10㎝
- おろしにんにく…小さじ1
- サラダ油…小さじ2

B
- コチュジャン…大さじ½
- しょうゆ…大さじ½
- 酒…大さじ½
- 砂糖…大さじ½

サラダ油…適量
キャベツ（ざく切り）…適量

作り方

1 豚肉は砂糖をまぶしてもみ込んで10分ほどおき 1 、塩と片栗粉をまぶす。

2 フライパンに油を熱し、1を入れて両面焼く。

3 耐熱容器にAを入れ、ラップをして2分～グッタリするまでチンする。Bを加えて混ぜ、さらに30秒チンする。

4 2の豚肉に3のたれをかけてからめる 2 。食べやすく切って、器にキャベツと盛る。

＊肉に砂糖をまぶしてもみ込むと、やわらかくなる！

ゆずこしょうの
うっトリ照り焼き

“ただの照り焼きと思ったら大間違い！
ピリリと効いた
ゆずこしょうで、
切れ味のあるおいしさよ”

材料（1人分）

鶏もも肉…1枚
塩、こしょう…各少々

A
- ゆずこしょう…小さじ⅓
- 水…大さじ1
- 酒…大さじ1
- みりん…大さじ1
- はちみつ…大さじ1
- しょうゆ…大さじ½

レタス（ざく切り）…適量

作り方

1 鶏肉は厚さを均等に開き、軽く塩、こしょうをふる。Aは合わせておく 1 。

2 フライパンに1の鶏肉を皮目から入れ、カリッと焼けたら返して少し焼き、一旦取り出して一口大に切る。

3 フライパンの余分な脂をペーパーでふき、2とAを加えてふたをし、3分ほど弱めの中火で蒸し焼きにする。ふたを取って煮詰め、とろっとしたら器にレタスをしいて盛る。

冷凍の里いもなら、面倒な皮むきをしなくていいの。便利な世の中になったわね～。

里いもころころ煮っころがし

材料(2食分)

豚肩ロース薄切り肉(しゃぶしゃぶ用)
…150g
里いも(冷凍)…200g
ごま油…大さじ½
A
- 水…1カップ
- 削り節(袋の上からもんで細かくする)…1袋(4.5g)
- みりん…大さじ1
- 砂糖…大さじ1
- しょうゆ…大さじ1½

いんげん(4㎝長さに切る)…3本

作り方

1 鍋にごま油を熱して豚肉を炒め、色が変わったら里いもを冷凍のまま加えてサッと炒める。

2 1にAを加え 1 、ふたをして中火で15分煮る。

3 ふたを取り、いんげんを加えてさらに5分煮る。

魚のすごい栄養、知ってる？

“魚はカロリーもひかえめで、
良質な栄養素の宝庫なんだそう！
ビタミン、ミネラル、DHA、EPA……。
うちの家族に
魚ぎらいがいたけど、
味つけを変えたら
パクパク食べるようになったの”

日本は島国で新鮮な魚に
恵まれているけれど、下処理など
面倒なイメージがあるからか、
敬遠されがちよね。
「お刺身」「切り身」ならひとり暮らしでも、
さっと使いきれるの！
味つけ×調理法を工夫すれば、
毎日でも飽きないお魚献立ができます。

わさびじょうゆじゃない、
新しい食べ方。

甘酸っぱいみかんがアクセント！
もちろんご飯にも合います。
お友達が来た日にもいいわね

みかん入り カルパッチョ

材料（1人分）

刺身（サーモン、ホタテ、鯛など）
…100g
水菜（4〜5㎝長さに切る）
…½株
三つ葉（4〜5㎝長さに切る）
…3本
みかん…1個
A
オリーブオイル…大さじ1
ポン酢…大さじ1½
ゆずこしょう…小さじ¼

作り方

1 刺身は食べやすく切る。みかんは皮をむいて食べやすくちぎる **1** 。**A**は合わせておく。

2 器に水菜、三つ葉、みかん、刺身を合わせて盛り、**A**をかける。

＊みかんがない場合は、グレープフルーツやオレンジでも大丈夫

1

ステキ
マグロ
ステーキ

材料（1人分）

マグロ（刺身用）…½さく（120g）
塩…少々
こしょう…少々
オリーブオイル…大さじ½

玉ねぎソース

- 玉ねぎ（すりおろし）…大さじ3
- しょうゆ…大さじ1
- サラダ油…大さじ1
- 酢…大さじ½
- 砂糖…小さじ1

作り方

1 マグロは両面に塩、こしょうをふる。

2 玉ねぎソースを作る。耐熱ボウルに玉ねぎを入れ、ラップをしないでレンジで1分30秒チンする。取り出し、残りの材料を合わせる。

3 フライパンにオリーブオイルを強火で熱し、1のマグロを入れて表面をさっと焼き 1 、食べやすく切る 2 。器に盛り、2の玉ねぎソースをかける。

＊玉ねぎソースは蒸し鶏、豚肉のソテー、卵焼き……など、何にでも合う

1

2

“これを知ったら、
刺身で食べるのが遠のくかも？
香ばしさと
生の旨みをWで堪能！
白いご飯が止まらないでしょ”

“火加減を気にせず、

しっとり蒸し焼きに。

ごまみそだれをからめながら、召し上がれ！
残ったら、おにぎりの具にしてもいいわね。
いろいろな切り身で試してみて”

1

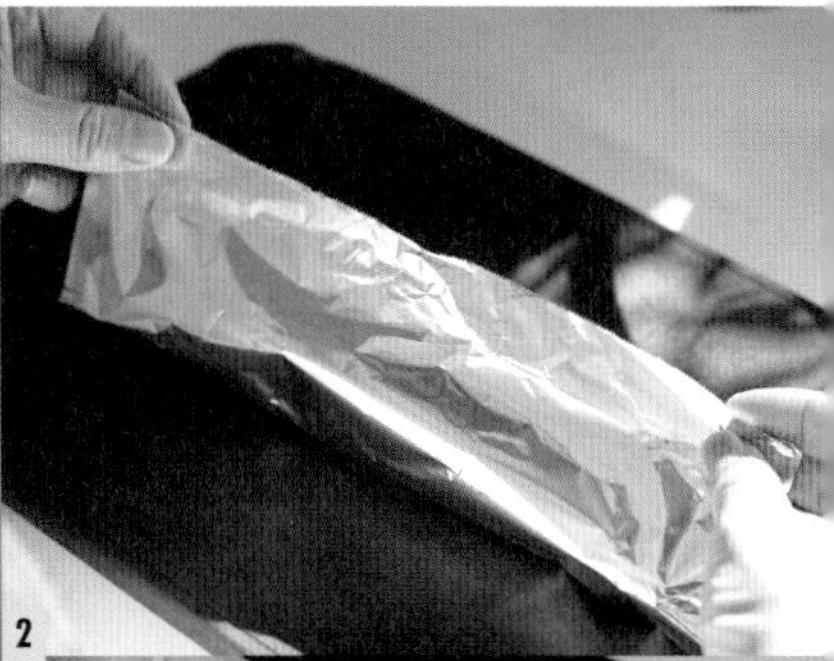

2

3

鮭のごまみそホイル焼き

材料（1人分）

生鮭…1切れ

A
- みそ…大さじ1
- 白すりごま…大さじ1
- 砂糖…小さじ1
- みりん…小さじ1
- 酒…小さじ1

ししとう…2本

作り方

1 ホイルに合わせたAの半量をのせ、その上に鮭をおいて残りのAをぬる 1 。

2 1にししとうを添えて全体を包み 2 3 、魚焼きグリルまたはトースターで7〜8分焼く。

1

作り方

1 梅ソースは合わせておく **1** 。イワシは塩をふってから小麦粉を軽くまぶす **2** 。

2

2 フライパンに油を熱し、イワシを皮目から入れて中火で焼き、焼き色がついたら返して中まで火を通す **3** 。

3 2を大葉にのせ、梅ソースをつけて包んで食べる。

＊じつは、イワシがなければアジでもおいしい！
＊三枚おろしができないときは鮮魚売り場でやってもらってね

3

”おいシソ〜でしょ？
梅・シソ・イワシ！
どれが欠けても
ダメなの“

梅ジソイワシ

材料（1〜2食分）

イワシ（三枚おろし）…2尾分（4枚）
塩…少々
小麦粉…適量
サラダ油…適量
梅ソース
　梅肉、水…各大さじ1
　しょうゆ…小さじ½
大葉…4枚

塩麹でお久しブリ煮

材料(1人分)

ぶり…1切れ(100g)

大根(皮をむいて5㎜幅の半月切り)…150g

A | 塩麹…大さじ1
　| 水…1カップ

サラダ油…大さじ½

ゆずの皮(せん切り)…適量

作り方

1 ぶりに酒小さじ1(分量外)をふり、10分おいたらペーパーで水気をふく。

2 フライパンに油を熱し、1を両面焼き目がつくまで焼いたら端に寄せ、大根を入れてさっと焼く 1 。

3 2にAを加え、ふたをして7〜8分ほど大根がやわらかくなるまで煮る。途中、ぶりを2回くらい返す。器に盛り、ゆずの皮を散らす。

”ぶり大根が手軽に！
大根は薄切りにしてね。
味がしみ込みやすくなるから。
味つけは塩麹だけで決まるわよ“

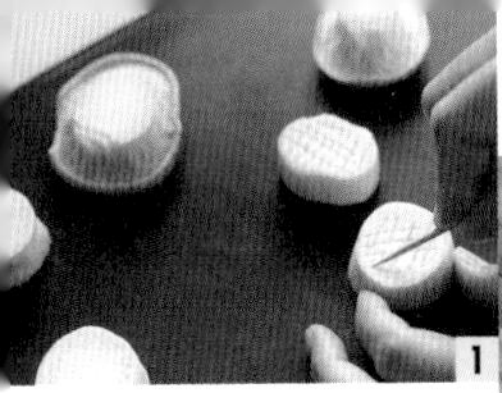

ホタテどっち

材料(2食分)

ホタテ貝柱(刺身用)…100g
エリンギ…2本(100g)
バター…20g
しょうゆ…小さじ1
片栗粉…適量

作り方

1 エリンギはホタテと同じ厚さに切り、両面にようじで切れ目を入れ 1 、片栗粉を薄くまぶす 2 。

2 フライパンにバターを弱火で溶かし、エリンギを炒め、火が通ったらホタテを加え、しょうゆで味をととのえる。

＊ホタテのエキスをエリンギに吸わせたいので、エリンギのほうだけに切れ目を入れて片栗粉をつける

”ある日、エリンギの食感や
見た目が貝に似ていると
気づいて考えたレシピ！
ホタテの旨みがエリンギに移って、
エリンギがホタテになっちゃうの“

定番料理って誰が決めたのかしら。

何度も言ってきたことだけど、
私はシェフじゃなくてシュフ。
料理研究家でもなくて、
料理愛好家でやってきました。
レストランみたいに、「あれ食べたい！」と
お客さんが来るわけじゃないし、
自分で作って食べる食事はルールなし、
好き放題なのよ。
「こうしたらどうかしら？」と
前向きに料理を愛していれば、
きっとそれがあなたの定番になるわよ。

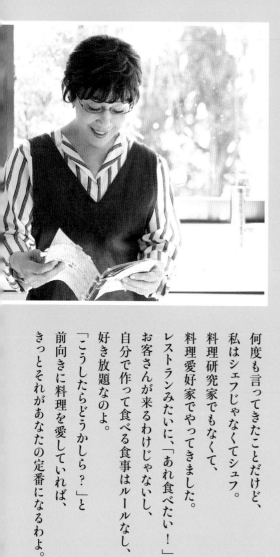

”どんなレシピにだって歴史あり！
私の料理も、作りやすいように
日々進化させています。
みんながおいしく食べてくれれば、
それがいちばん。
常識にとらわれないと、毎日楽しくなるわよ！“

“細切りの炒め物もいいけど、
私は昔からこのスタイル。
生ピーマンの食感がよく、
手でパクッと食べられる。
いいことばっか！”

食べれば チンジャオロースー

1

材料（1〜2食分）

牛こま切れ肉…80g
ピーマン…小2〜3個

A
- しょうゆ…小さじ1
- オイスターソース…小さじ1
- 酒…小さじ1
- 砂糖…小さじ½
- おろしにんにく…小さじ½

サラダ油…小さじ1
一味唐辛子…適量

作り方

1 ボウルに牛肉を入れ、Aを加えてもみ込む 1 。ピーマンは半分に切って種を除く。

2 フライパンに油を熱し、1の牛肉を炒める。

3 切ったピーマンを器に並べ、2をのせて一味唐辛子をふる。

＊ピーマンは、肉厚より薄いほうがバランスがいい

1

2

食べれば焼き鳥

”フライパンで！
串も刺しませ〜ん！
炭火焼きのお店で
食べるのは最高だけど、
家でひとりならこれで十分。
味変をして
いろいろ楽しんでね“

材料（1人分）

鶏もも肉（一口大に切り、塩少々をふる）…½枚（150g）

長ねぎ（白い部分・3cm長さに切る）…1本

たれ

- 酒…大さじ1
- しょうゆ…大さじ1
- みりん…大さじ1
- 砂糖…大さじ½

山椒塩

- 粉山椒…小さじ½
- 塩…小さじ¼

マヨネーズ…適量

七味唐辛子…適量

作り方

1 フライパンに鶏肉を皮目から入れて火にかけ、焼き色がついたら返す。ねぎを加え、両面に焼き色がつくまで焼く 1 。

2 耐熱ボウルにたれの材料を入れ、レンジで2分30秒チンする。

3 器に1を盛り、鶏肉とねぎを串に刺し、たれや山椒塩 2 、七味マヨにつけて食べる。

＊カレー塩をつけてもおいしい

鶏で作ったら
「ペテンダック」って
呼んでいるの。

“北京ダックを豚肉で！
春巻きの皮って加熱してあるから、
そのまま食べられるの。
使い続けて30年。周りに教えてあげてね～”

北京《ペキン》トン

材料（1～2食分）

豚バラ薄切り肉…150g
たれ
　はちみつ…大さじ1
　甜麺醤…大さじ1
　五香粉…小さじ½
　しょうゆ…小さじ½
きゅうり（細切り）…½本
赤ピーマン（細切り・あれば）…少々
長ねぎ（細切り）…10cm
香菜（ざく切り・お好みで）…適量
春巻きの皮（ミニ）…5枚
レタスなど…適量

作り方

1 たれは合わせておく。春巻きの皮は縦半分に切る**1**。野菜を器に盛る。

2 鍋に湯を沸かし、豚肉を入れてサッと火を通したら**2**、湯をきって器に盛る。

3 春巻きの皮に豚肉、野菜を少しずつのせて巻き、たれをつけて食べる。レタスに包んでもいい。

＊五香粉は炒めもの、スープ、唐揚げの下味に使うと、たちまち本格的な中華味に

1

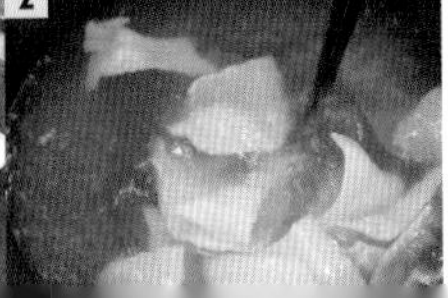
2

”お好み焼きじゃないわよ〜。
さつま揚げを大きく
作っちゃった！
揚げていないけど
味はそのものね。
玉ねぎの甘みと豆腐で、
ふわふわ絶品“

1

食べればさつま揚げ

材料（1〜2食分）

ツナ缶（油漬け・汁気をきる）…小1缶（70g）
玉ねぎ（みじん切り）…½個（100g）
木綿豆腐…150g
A　卵…1個
　　片栗粉…大さじ3
　　塩…ふたつまみ
サラダ油…大さじ1
しょうがじょうゆ、七味マヨネーズ…各適量

作り方

1 豆腐はペーパーに包んで水きりをする。

2 耐熱皿にペーパーをしいて玉ねぎを広げ、端に1の豆腐をおき 1 、ラップをしないでレンジで2分チンする。玉ねぎは粗熱が取れたら水気を絞る。

3 ボウルに2とツナ、Aを入れて混ぜ合わせる。

4 フライパンに油を熱し、3を平らに広げてふたをしないで両面こんがりするまで焼く。お好みで、しょうがじょうゆや七味マヨネーズをつけて食べる。

レンチンって やっぱり すごいわよ〜！

「レンジで作ると味気ない」
それは大きな誤解で〜す！
誰にでも得意・不得意って
あるじゃない？
中まで早く火が通ってくれるし、
レンジがおいしくしてくれる
コツをつかんでおけば、
バタバタの日は大助かりよ！
家族が物足りなそうに
してるとき、
忙しいけど何か食べたいとき、

“私、自他ともに認める
せっかちで気短な性格だから、
ずぼらしたいときは絶対レンジ！
反則？ いいえ、チンじゃないと
作れない料理もあるのよ～”

“煮汁を回しかけなくても、ペーパーのおかげで
味がしみっしみになるのよ。
いろいろな切り身でも同様に作れます”

失敗しない煮魚

材料（1人分）

金目鯛…1切れ

A
- 長ねぎ（3cm長さに切り、切れ目を入れる）…½本
- しょうが（薄切り）…3枚
- しょうゆ…大さじ1
- 水…大さじ1
- 砂糖…小さじ2
- 酒…小さじ2
- みりん…小さじ2

作り方

1 耐熱皿（深め）にAを入れて混ぜ、キッチンペーパーに少し吸わせる。

2 1に鯛をのせ、汁を吸わせたペーパーをかぶせ、その上からふんわりラップをして 1 レンジで3分チンする。そのまま余熱で2分ほど味をなじませ、器に盛る。

1
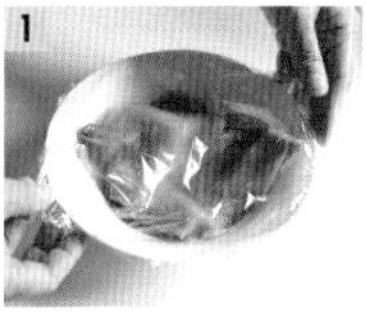

コンロが大渋滞のとき、
私はチンして
作ることも多いの。

“前から作っている自信作なんだけど、
もっとかんたんになっちゃった!!
お肉はペラペラで
すぐ火が通るし、
たれの味は角煮そのもの!”

1

食べれば角煮

材料(1〜2食分)

豚バラ薄切り肉(しゃぶしゃぶ用)…100g
チンゲン菜(5㎝長さに切る)…1株

A
- 塩…少々
- 紹興酒(もしくは酒)…少々

たれ

- 紹興酒(もしくは酒)…大さじ2
- はちみつ…大さじ1
- しょうゆ…小さじ2
- オイスターソース…小さじ2
- 長ねぎ(青い部分・粗みじん切り)…10g
- おろししょうが…小さじ½
- おろしにんにく…小さじ½
- 八角…1個

水溶き片栗粉

- 片栗粉…小さじ½
- 水…小さじ½

作り方

1. 豚肉にAをかけて下味をつけておく。
2. 耐熱皿の中央を空けてチンゲン菜を並べ、1をその上にのせる。
3. 耐熱容器にたれの材料を入れてよく混ぜ、2の中央におき 1 、ラップをしてレンジで3分チンする。
4. 3の豚肉とチンゲン菜を器に盛る。たれは水溶き片栗粉を加えてしっかり混ぜ、ラップをしないでレンジでさらに40秒チンする。たれをかけて食べる。

“「時間差チン」の技を覚えれば、
いろんな食材が組み合わせられて
レンチン料理の
可能性は無限大！
これとご飯、みそ汁で今夜の献立にどう？”

れんこんと豚の楽チン煮

材料（1人分）

豚バラ薄切り肉（一口大に切る）
…70g

A
- 水…大さじ3
- 酒…大さじ½
- しょうゆ…大さじ½
- オイスターソース…小さじ1
- 砂糖…小さじ1
- 片栗粉…小さじ½

れんこん…50g
厚揚げ（1cm幅に切る）…70g
粉山椒（お好みで）…適量

作り方

1 豚肉はAをもみ込む。れんこんは皮つきのまま2mm厚さの薄切りにし、水にさっとくぐらせる。

2 耐熱皿にれんこんを並べ、ふんわりラップをしてレンジで1分チンする。

3 2の上に厚揚げを並べ、1の豚肉を汁ごと広げてのせ 1 、ふんわりラップをしてレンジで2分30秒チンし、全体をザッと混ぜる。器に盛り、お好みで粉山椒をふる。

1

5分パンプチン

“かぼちゃの煮物って大好き！
それがレンジなら
すごくかんたんに作れて、
煮くずれ知らず。
ちゃんと味もしみるし、
仕上げのバターは大事ね”

材料(1人分)

かぼちゃ（ワタと種を除く）…200g

A
- 砂糖…小さじ2
- みりん…小さじ2
- しょうゆ…小さじ1弱

バター…10g

作り方

1 かぼちゃは一口大に切ってから皮をところどころむき、合わせたAと混ぜる。

2 耐熱皿に1の皮を下にしておき、ふんわりラップをしてレンジで3分チンする。

3 バターを加えて全体になじませ 1 、器に盛る。

＊皮を少し削ることで、味が中までしみやすくなる

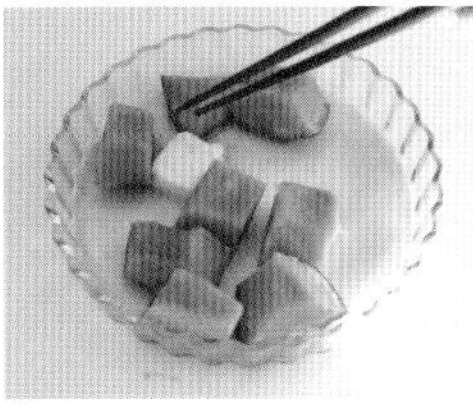

1

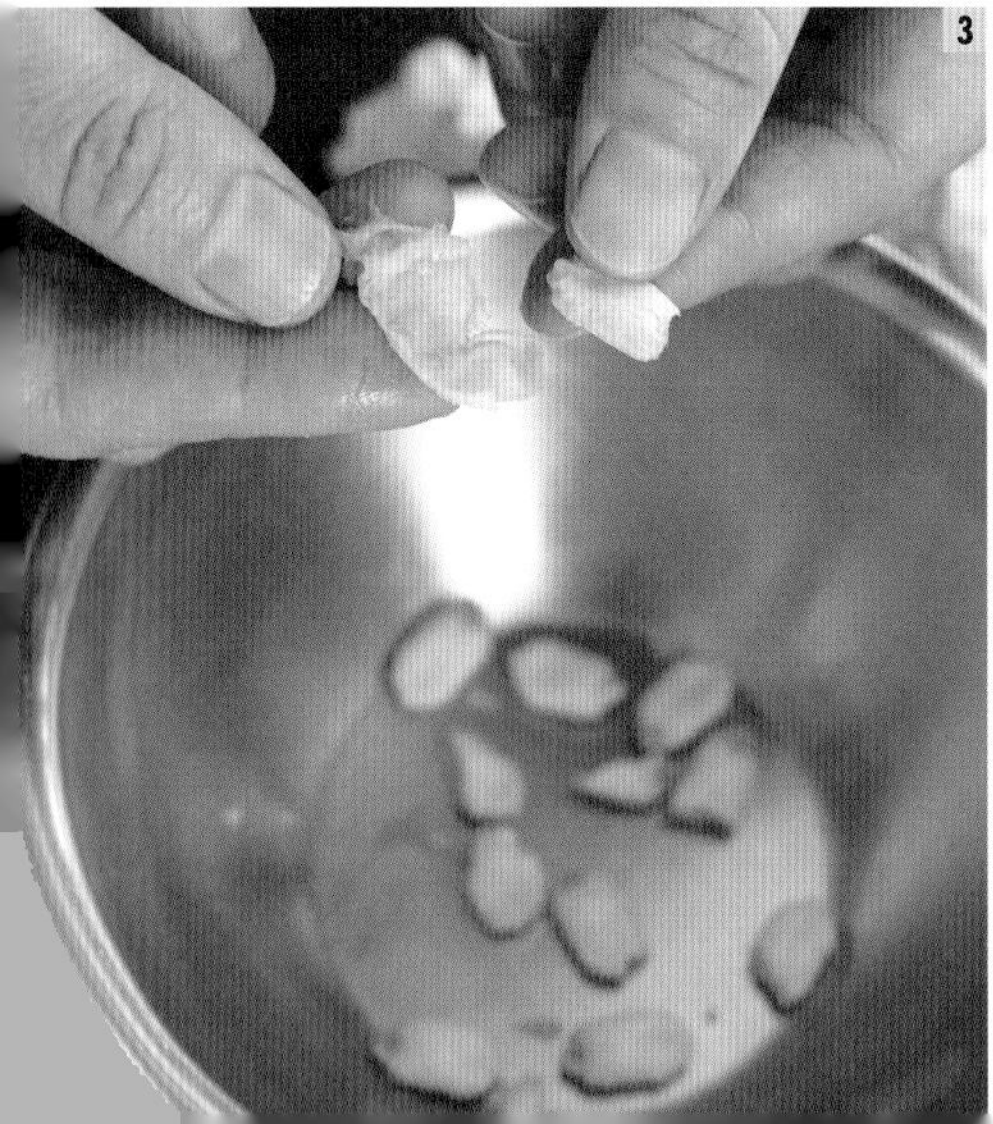

チンタマゴーヤー

材料（1人分）

ゴーヤー（縦半分に切る）…大½本

A
- 卵…1個
- マヨネーズ…大さじ1
- クミンパウダー（またはカレー粉）…小さじ¼
- ピザ用チーズ…30g
- ベーコン（粗みじん切り）…50g

作り方

1 ゴーヤーはワタと種を除き**1**（ワタは天ぷら用に取っておく）、ラップをしてレンジで1分チンする。ペーパーで水気をふく。

2 ボウルに**A**を混ぜ合わせ、**1**のくぼみに詰める**2**。ラップをしてさらに2分30秒チンする。取り出し、お好みで追いクミンをかける。

＊端と真ん中で苦さが違う。初心者は真ん中で、苦みが好きな人は端よ！

“ワタって果肉の3倍も栄養あるんだって！
種は来年のためにまいてみて。最高のSDGsね”

ゴーヤーのワタ天ぷら

材料（1人分）と作り方

ワタは種を除き**3**、**小麦粉**と**水各大さじ2**を混ぜた衣にくぐらせて揚げる。器に盛り、**塩**をふる。

”炒めないけど、食べれば
ゴーヤーチャンプルーかな。
ゴーヤーのほろ苦さと
まろやかな味が
ベストマッチ！
見た目が楽しいでしょ“

チン蒸しなす

材料（1人分）

なす…2本

A
- しょうゆ…大さじ1
- 酢…大さじ½
- ごま油…大さじ½
- 砂糖…小さじ½
- おろししょうが…小さじ¼
- 細ねぎ（小口切り・あれば）…大さじ1

作り方

1 なすはヘタを落とし、ピーラーで皮をむく 1 （きんぴら用に残しておく）。丸ごと5分ほど水に浸ける。

2 1をラップで包み、レンジで3分チンする（途中、向きを変える）。取り出し、ラップのまま粗熱が取れたら、冷蔵庫で冷ます 2 。

3 2をヘタ側から割いて器に盛り、合わせたAをかける。

皮ったきんぴら

材料（1人分）と作り方

1 フライパンに**油大さじ½**を熱し、**赤唐辛子（輪切り）½本分**と食べやすい長さに切った**なすの皮**を炒め、**水大さじ1**を入れてふたをして蒸し焼きにする。

2 **ナンプラー小さじ⅓**、**砂糖小さじ¼**を加え、さっとあえたら器に盛り、**白ごま**をふる。

1

2

”とろっと食感も、
レンジ蒸しで。
さっぱり中華だれで、
何本でも食べられそう！
火を使わないから、
暑い季節にもぴったりの料理。
皮はきんぴらね“

時間がない？私の切り札、教えるわね。

今も昔も変わらず、
「時短レシピ教えてください」
という依頼が多いの！
時間もお金もかけないで、
できるだけおいしい料理を
作りたいわよね。
ひとりぶんとなると、
ささっと済ませたい日もあるし。
料理を作り慣れていない人は、
ここから挑戦してみると
いいんじゃない？

1品で満足する
ご飯ものを教えます！
“かける、混ぜる、炒めるだけ”
“困ったときに大助かりの
納豆ごはんが、
エスニックで
さっぱりした
食べ心地に！
麺類にかけても絶品!!
お好みで、
追いナンプラーしてね”

食べタイ卵かけごはん

材料（1人分）

A
- 納豆…1パック
- ナンプラー…小さじ½〜
- ミニトマト（四つ割り）…3個
- 香菜（ざく切り）…適量

卵…1個
ご飯…200g

作り方

1. Aを混ぜる。
2. 器にご飯をよそい1をかけ、卵を割り落とす。よく混ぜてふわふわにして食べる。

イワシのかば焼き缶と薬味を混ぜれば、
最高の混ぜごはんが
1分でできちゃう！
調味料はかば焼きのたれと梅干し、以上。
梅肉の酸味が、よく合うのよ～

缶たん うめぇごはん

材料（2食分）

イワシのかば焼き缶…1缶（100g）
大葉（みじん切り）…10枚
しょうが（みじん切り）…大さじ1
梅干し（種を除いて包丁でたたく）…3個（正味30g）
白ごま…大さじ1
ご飯（温かいもの）…400g

作り方

ボウルにすべての材料を入れ、ほぐしながら混ぜる。おにぎりにしてもよい。

＊缶詰が½缶余ってもよければ、半量（ご飯1膳分）で作ってもＯＫ

ブロッコリーの炒飯

”茎にも栄養たっぷり。
ブロッコリーって、炒めると
旨みが出ておいしいのよ。
お肉も他の野菜もいらない！“

材料（1人分）

ブロッコリー（刻む）…50g

A
- 削り節（袋の上からもんで細かくする）…1袋（4.5g）
- しょうゆ…小さじ½
- 塩昆布（刻む）…5g

ご飯…200g
サラダ油…小さじ1

作り方

1 フライパンに油を熱し、ブロッコリーを炒める。

2 **1**に**A**を入れて混ぜ、ご飯を加えてさらによく炒める。

“炊き込まなくたって
大丈夫！
具材をコロコロ切って
チン。ご飯を混ぜたら、
あらかんたん”

おさつの混ぜごはん

材料（1人分）

鶏もも肉（1cm大に切る）…50g
しょうゆ…小さじ1

A	さつまいも（1cm角に切る）…50g
	しいたけ（粗みじん切り）…1枚
	バター…10g

ご飯（温かいもの）…200g
ゆずこしょう（お好みで）…適量
白ごま（お好みで）…適量

作り方

1 耐熱ボウルに鶏肉としょうゆを入れて下味をつける。

2 1にAを上から順に入れ、ラップをしてレンジで４分チンする。

3 2にご飯を入れ、さっくり混ぜて器に盛る。お好みでゆずこしょうや白ごまをかけて食べる。

ごぼうとカレーは名コンビ！
香ばしさとスパイスが相性抜群なの。
料理の算数は1+1が、3にも4にもなるのよ。
おいしさの相乗効果があるからね

ごぼうの ドライカレー

材料（2食分）

ツナ缶（油漬け）…小1缶（70g）
ごぼう…100g
玉ねぎ（みじん切り）…40g
A
- カレー粉…大さじ½
- しょうゆ…小さじ1
- マヨネーズ…大さじ1
- 塩…小さじ⅓
- こしょう…少々

ご飯…300g
クミンパウダー…小さじ½
パセリ（みじん切り）…適量

作り方

1 ごぼうはきれいに洗い、皮ごと4㎜角に切る。

2 フライパンにツナ缶の油を入れて1を加えて中火で炒め、途中50〜100㎖の水（分量外）を加えて火を通す。

3 2に玉ねぎ、ツナを加え、汁気がなくなるまでさらによく炒める。

4 Aを上から順に加えて炒め、ご飯を加えてよく混ぜながら炒め合わせる。最後にクミンパウダーを加えて混ぜる。器に盛り、パセリを散らす。

＊冷凍保存も可能
＊ごぼうが硬くて火が通りにくい場合は、水の量を増やす

”鍋ひとつで作れる
麺レシピも重宝するわよ！
そうめんは別ゆでしないので
とろみもついて一石二鳥。
寒い季節に体の芯まであったまります。
酸味と辛味が、卵でちょうどいい塩梅に“

そうめん酸辣湯《サンラータン》

材料（1人分）

そうめん…1束（50g）

A
- 豚バラ薄切り肉（1cm幅に切る）…70g
- しいたけ（薄切り）…2枚
- 長ねぎ（斜め薄切り）…½本（70g）

にんにく（みじん切り）…1かけ

鶏がらスープ（無塩）…2カップ

B
- 酢…大さじ1
- オイスターソース…小さじ2
- しょうゆ…小さじ2

溶き卵…1個分

ごま油…大さじ1

ラー油…適量

長ねぎ（青い部分・小口切り）…適量

こしょう…適量

作り方

1 フライパンにごま油を熱し、にんにくを炒める。香りが立ったら**A**を加えてさらに炒め、鶏がらスープを加える。

2 1に**B**を加えて味をととのえ、そうめんを加えて2分ほど煮る。

3 仕上げに溶き卵を回し入れ、長ねぎを加えたら器に盛り、ラー油を回しかける。お好みでこしょうをふり、追い酢（分量外）をかける。

＊顆粒の鶏がらスープの素など、塩分が入っているものを使用する場合はしょうゆを減らして調整する

＊長ねぎの代わりに香菜でもおいしい

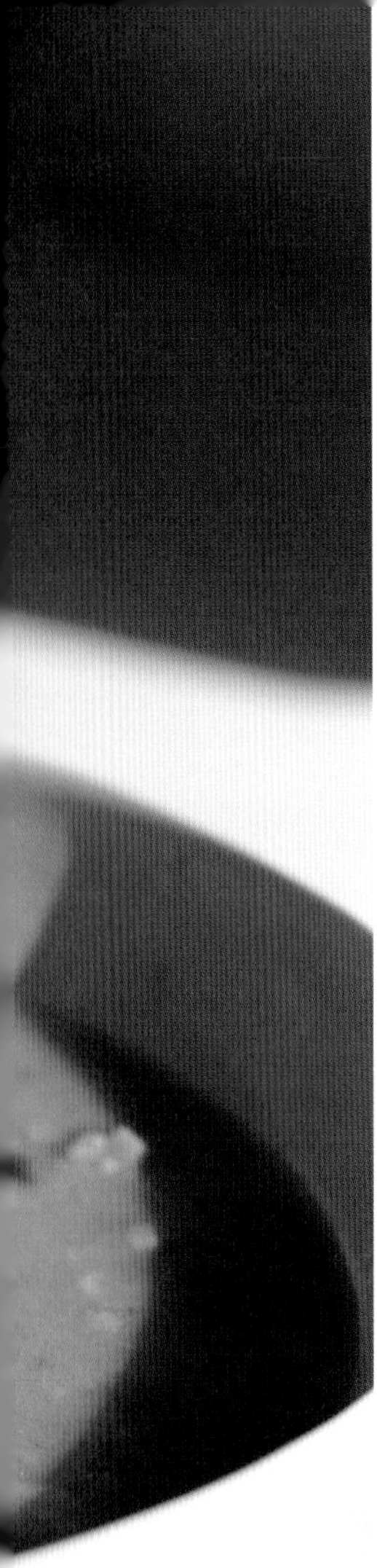

そうめん担々麺

材料(1人分)

そうめん…1束(50g)
豚ひき肉…100g

A
- 長ねぎ(みじん切り)…½本(70g)
- にんにく(みじん切り)…½かけ
- 豆板醤…小さじ½
- ごま油…大さじ½

B
- ピーナツバター(チャンクタイプ)…大さじ2
- しょうゆ…小さじ2

鶏がらスープ(無塩)…2カップ
香菜(または細ねぎ)…適量

作り方

1 耐熱容器にAを入れて混ぜ、ラップをしてレンジで2分チンする。

2 フライパンに1と豚ひき肉を入れて炒める 1 。

3 2にBを加え、鶏がらスープを少しずつ入れて 2 混ぜながらピーナツバターを溶かし、豚ひき肉もほぐす。

4 3にそうめんを入れて 3 2分煮て器に盛り、香菜を散らす。

＊顆粒の鶏がらスープの素など、塩分が入っているものを使用する場合はしょうゆを減らして調整する

“コクのあるピリ辛スープに
そうめんを入れて煮込むだけ！
時間が経つと、とろみがさらにアップ”

“鍋に全部ほっぽっておけば、
すぐでき上がり！
冷凍うどん＋削り節で作ります。
長ねぎや油揚げを入れてもおいしい”

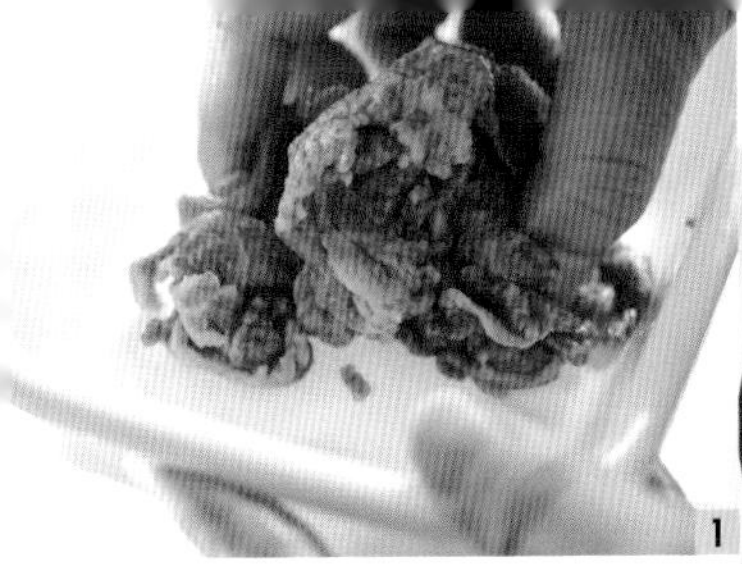

ほっぽり
カレー肉うどん

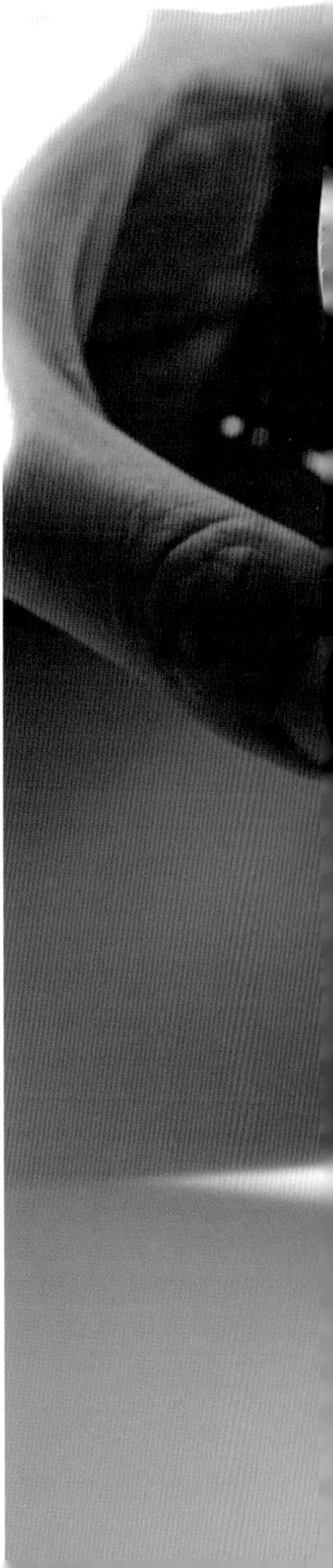

材料（1人分）

冷凍うどん…1玉
牛こま切れ肉…60g
砂糖…小さじ½
玉ねぎ（繊維を断ち切るように5mm幅に切る）…½個（100g）

A
- 水…2カップ
- 削り節（袋の上からもんで細かくする）…1袋（4.5g）
- しょうゆ…大さじ1
- みりん…大さじ1
- カレーフレーク…40g

水溶き片栗粉
- 水…小さじ1
- 片栗粉…小さじ1

細ねぎ（小口切り）…適量

作り方

1 牛肉は砂糖をまぶしてもみ込み 1 、やわらかくする。

2 鍋にAを入れて混ぜ、1、玉ねぎ、冷凍うどん（凍ったまま）を加え 2 、ふたをして火にかける。沸いたら、途中何度か混ぜながら7分ほど煮る。

3 水溶き片栗粉でとろみをつけ、細ねぎを散らす。

＊粉山椒や七味唐辛子をかけてもおいしい

すいとりパスタは、本当に便利なのよ！

鍋いっぱいの湯でゆでません！

材料をぜ〜んぶ、
フライパンに入れるだけ。

旨みをパスタに吸わせちゃうの。

最近はワンパンパスタが
流行っているみたいだけど、
私は結婚当初からフライパンひとつ。
少なめの水に具材を入れて沸かして、
麺で吸い取らせて作っていたの。
水道代もガス代も助かっちゃう（笑）。
イタリア人に怒られそうだけど、

洗い物がとっても少ないし、
手軽においしく作れたら十分！
ひとりぶんの
水加減のコツをつかんでね。

すいとりパスタの約束ごとは、

「水分が足りなそうなら足す」

「水分が多ければふたを取って飛ばす」。

これだけは覚えといてね

にんにく、調味料、麺を一緒に煮るだけ！
いい具合に麺が水分や旨みを吸うし、
ほどよくもちもち感が出るから、
びっくりのおいしさよ

すいとり ペペロンチーノ

材料（1人分）

スパゲッティ（1.4㎜・6分ゆで）…100g

A
- にんにく（薄切り）…2かけ（20g）
- 赤唐辛子…1〜2本
- オリーブオイル…大さじ1

B
- 水…2カップ
- オイスターソース…小さじ1
- 塩…小さじ⅓

こしょう、オリーブオイル、粉チーズ（お好みで）…各適量

作り方

1 フライパンでAを炒め、香りが出たらBを加える。沸いたらスパゲッティを半分に折って入れ、ふたをして時々混ぜながら7分〜水分がなくなるまで煮る。

2 器に盛り、お好みでこしょう、オリーブオイル、粉チーズをかける。

＊味の決め手はオイスターソース。コクがぐんとアップ！

1

2

すいとり のりのり パスタ

材料（1人分）

スパゲッティ（1.4㎜・6分ゆで）
…100g
焼きのり（全形）…2枚

A
- 水…2カップ
- 和風だしパック…1袋

B
- バター…20g
- しょうゆ…小さじ1

三つ葉（ざく切り）…適量
ゆずこしょう…少々

作り方

1 フライパンでAを熱し、沸いたらスパゲッティを半分に折って入れ **1** 、のりは広げたままのせ、ふたをして時々混ぜながら6分～水分がなくなるまで煮る **2**（のりが溶けてきたらふたを取る）。

2 だしパックを取り出してBを加えて混ぜ、器に盛る。三つ葉を添えて、ゆずこしょうをつけながら食べる。

＊だしパックの塩分量に合わせて塩加減を調整すること
＊湿気たり、半端に余ったのりをおいしく食べきるレシピ

”のりがたっぷりからんだ
スパゲッティに、
ゆずこしょうの香りを
まとわせます。
和風だしも
吸い取らせるのがコツね！“

“すいとりパスタは別ゆでしないから
小麦粉が溶けて
少しねっとり感が出て、
それがナポリタンに合うのよね！
ケチャップを炒めると
香りが立ちます。
このひと手間がおいしさの秘訣”

1

2

3

すいとりナポリタン

材料（1人分）

スパゲッティ（1.4㎜・6分ゆで）…100g

A
- 玉ねぎ（薄切り）…¼個（50g）
- しいたけ（薄切り）…２枚（40g）
- ソーセージ（5㎜厚さの斜め薄切り）…２本（40g）

ピーマン（薄切り）…小2個（60g）

ケチャップ…大さじ3～

B
- 水…2～2½カップ
- 塩…小さじ¼

バター…20g

粉チーズ、こしょう、タバスコ（お好みで）…各適量

作り方

1 フライパンにバター10gを熱し、Aを上から順に入れて炒めたら端に寄せ、ケチャップを加えて炒めて香りを出す 1 。

2 玉ねぎがしんなりしたらBを加え、沸いたらスパゲッティを半分に折って加え 2 、ふたはしないで7分～水分がなくなるまで煮る（水が足りなければ足す）。

3 ピーマン、残りのバター10gを加えて混ぜ 3 、器に盛る。お好みで粉チーズ、こしょう、タバスコをふって食べる。

”人気のタイ麺レシピ
「パッタイ」も
すいとりパスタ技でお手軽に！
わざわざ平打ち麺を
買わなくたって、

すいとりタイパスタ

材料（1人分）

スパゲッティ（1.4㎜・6分ゆで）
…100g

A
- 豚バラ薄切り肉（一口大に切る）…100g
- 玉ねぎ（薄切り）…¼個（50g）
- えび（殻をむいて縦半分に切る）…3尾（50g）

B
- 水…2カップ
- 塩…小さじ¼

C
- ナンプラー…小さじ1
- スイートチリソース…小さじ1
- オイスターソース…小さじ1
- レモン汁…小さじ1

ごま油…大さじ½
香菜（ざく切り）…適量

作り方

1 フライパンにごま油を熱し、Aを上から順に加えて炒める **1**。

2 Bを加えて沸いたら、スパゲッティを半分に折って加え **2**、ふたをして時々混ぜながら7分〜水分がなくなるまで煮る。

3 Cを加えて味をととのえ、器に盛り、香菜を散らす。ピリ辛酢をかけていただく。

ピリ辛酢

小さめの耐熱容器に酢大さじ1と輪切り赤唐辛子1本分を入れ、レンジで30秒チンする。取り出し、さらに酢大さじ1を加えて混ぜる。

餃子&焼売は作りおきのナンバーワン！

”
餃子や焼売の皮って
1袋20枚くらいだから、できれば
使いきりたいのが主婦の本音。
一度に食べきれなくても、
冷凍しておけばいいの。
蒸し、焼き、水餃子。
その日の気分で選んで食べてね
“

1個ずつ包まないで、フライパンで
でっかく作る「食べれば焼き餃子」という
私のレシピがあります。
大皿で盛り上がるんだけど、
ひとり暮らしの人ならやっぱり
1個ずつのほうが食べやすいじゃない？
作るのが楽しいレシピを教えまーす！

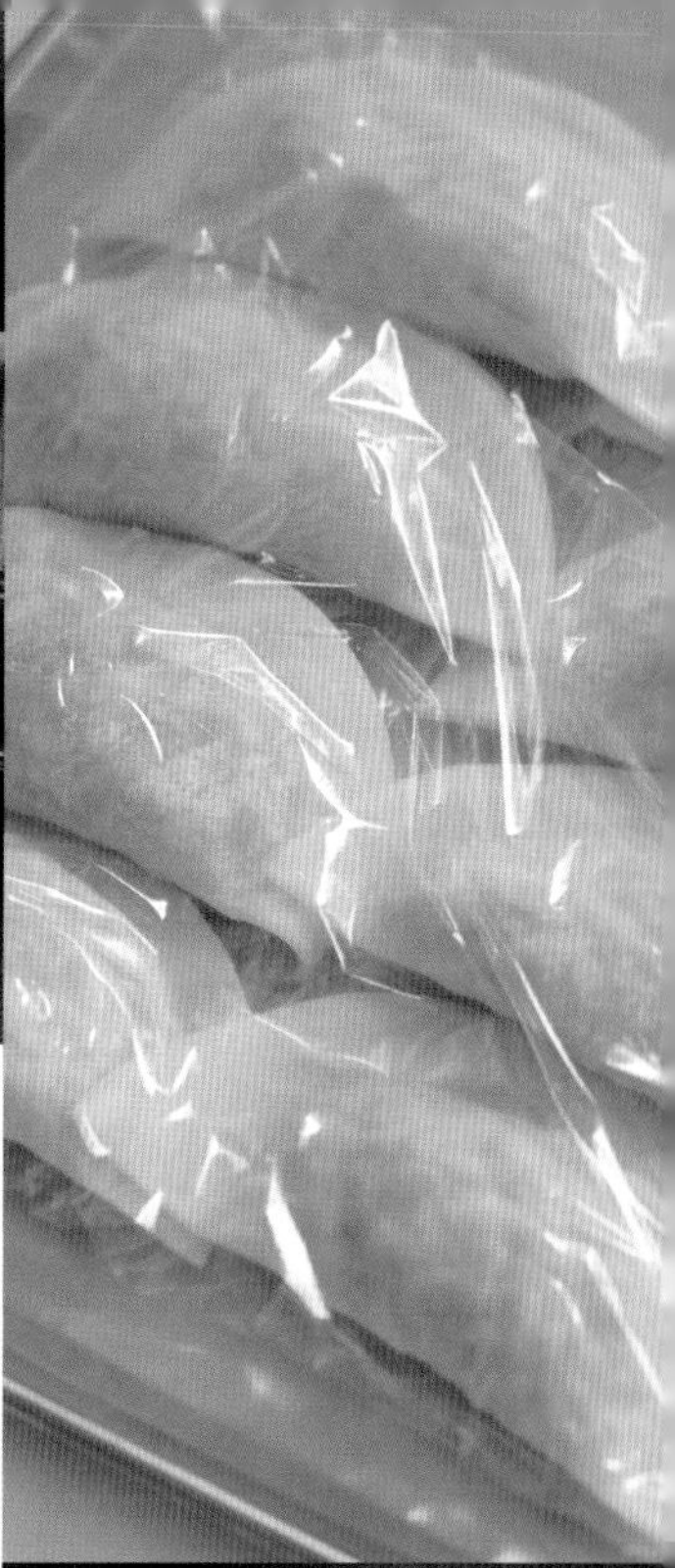

"なめたけの瓶と
ザーサイの瓶を具にしてみたら、
4つの具材だけで味つけも不要に！"

瓶瓶《びんびん》餃子

材料（20個分）

A
- 豚ひき肉…200g
- 長ねぎ（みじん切り）…20cm
- なめたけ（瓶詰・みじん切り）…50g
- ザーサイ（瓶詰・みじん切り）…50g
- ごま油…小さじ1

餃子の皮（大判サイズ）…20枚
ごま油…大さじ1½
酢、こしょう（お好みで）…各適量

作り方

1 ボウルにAを入れてよく練り、餃子の皮で包む。

2 フライパンにごま油大さじ1を広げて1を並べ、火にかけて1分30秒ほど加熱して焼き色をつける。水½カップ（分量外）を加えてふたをし、中弱火で6～7分蒸し焼きにする。

3 ふたを取って、仕上げに残りのごま油大さじ½を回しかけ、底面がカリッとしたら器に盛る。お好みで合わせた酢こしょうをつけて食べる。

＊餃子の皮は厚めがおすすめ！
＊1の包んだ状態で冷凍すれば、2週間～1か月保存可能

“具にご飯も入れちゃいました！

お肉を使っていないから軽い食べ心地で、

スパイシーなカレー味で

手が止まらないの。

小腹が空いたときのために

冷凍しておいても便利よ♪”

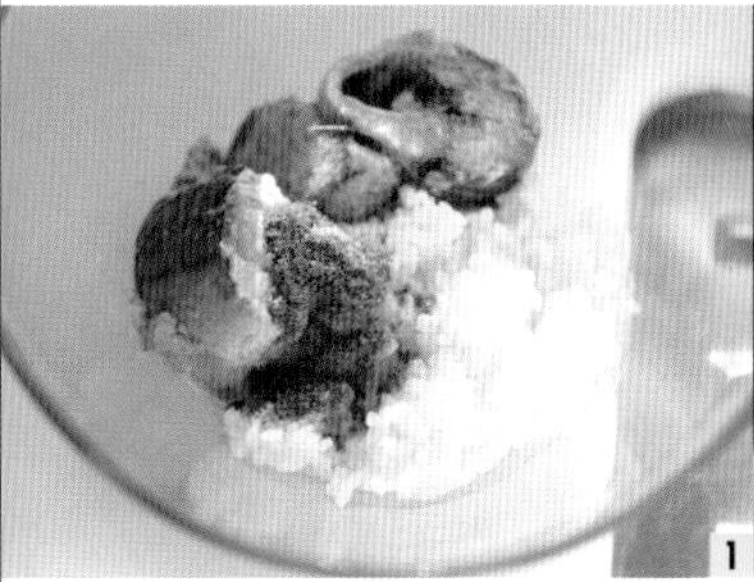

缶缶揚げ魚《ギョ》ーザ

材料（20個分）

A
- サバ缶（水煮・汁気をきる）…1缶（190g）
- ご飯…100g
- カレー粉（缶）…小さじ1
- 塩…ひとつまみ

餃子の皮…20枚

サラダ油…大さじ3～

クミン塩
- クミンパウダー…小さじ1
- 塩…小さじ¼

ケチャップ…適量

作り方

1 ボウルにAを入れて混ぜ1、餃子の皮で平たく包む。

2 フライパンに油を熱し、1を揚げ焼きにする2。器に盛り、クミン塩やケチャップをつけて食べる。

＊油は少なめでOK

＊1の包んだ状態で冷凍すれば、1か月保存可能

1

“豆腐入りだからふわふわよ!!

包まず、刻んだ皮を
のっけて、ハイ終わり。

蒸し器も使わないで、チン蒸しで召し上がれ”

ふわふわ豚《トン》チン焼売

材料（12個分）

A
- 木綿豆腐…100g
- 豚ひき肉…150g
- 長ねぎ（みじん切り）…50g
- 塩…小さじ¼
- こしょう…少々
- しょうゆ…小さじ½
- 片栗粉…小さじ2

焼売の皮（5㎜幅に切る）…5枚
水菜（ざく切り）…適量
ポン酢…適量
からし…適量

作り方

1 ボウルにAを入れて混ぜ、タネを作る。

2 水でぬらしたスプーンで1を12等分にして丸め、耐熱皿に並べる。

3 刻んだ焼売の皮を2の上に少しずつのせ1、ぬらしたペーパーをかぶせ、ふんわりラップをしてレンジで3分チンする。水菜をしいた皿に盛り、ポン酢やからしをつけて食べる。

＊余った焼売の皮はゆでて、砂糖ときな粉同量に塩少々であえれば、あべかわもち風に！
＊3の加熱後に冷凍して、1か月保存可能

1

2

“おなじみの焼売は
きれいな円筒状に
成形するのが大変でしょ。
でも皮を上から
かぶせてにぎるだけで、
ほら、もう完成で～す！”

エノキの逆さまチン焼売

材料（20個分）

豚ひき肉…200g

A
- えのきだけ（みじん切り）…½袋（100g）
- 玉ねぎ（みじん切り）…½個（100g）
- 片栗粉…大さじ1

B
- オイスターソース…小さじ½
- 塩…小さじ⅓
- こしょう…少々

焼売の皮…20枚
クレソン…適量
酢、からし、ポン酢…各適量

作り方

1 ボウルにAを入れて混ぜる 1 。豚ひき肉とBを加えてよく練り、20等分に丸めて耐熱皿にのせる。

2 1の上から焼売の皮をかぶせ、手でギュッと押さえて形をととのえる。

3 全体に水少々（分量外）をかけ、ぬらしたペーパーをかぶせ 2 、ふんわりラップをしてレンジで5分チンする。器に盛り、クレソンを添える。お好みで酢やからし、ポン酢をつけて食べる。

＊3の加熱後に冷凍すれば、1か月保存可能

水と粉と油さえあれば揚げ物はできる。

サックサクな食感は、
揚げ物の特権よね！
思い立ったら
すぐ食べたいから、
下味つけたり、
卵にくぐらせたり、
面倒なことはしませ〜ん！
小さめのフライパンで、
気軽に揚げるだけ。
おやつ、おつまみにも
すごくいいと思う！

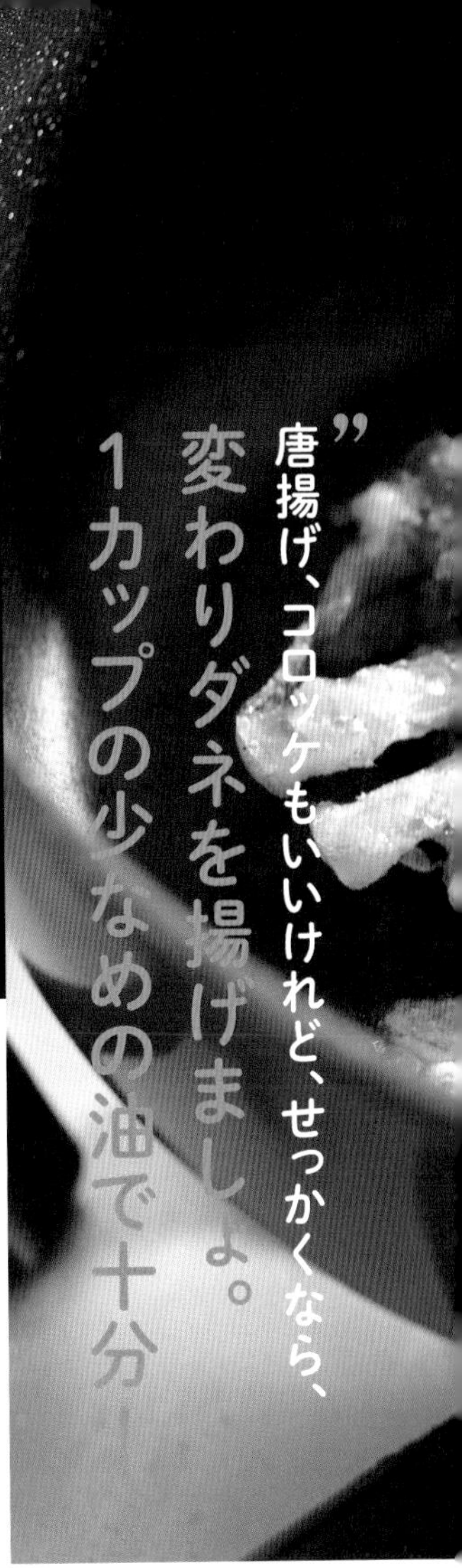

”唐揚げ、コロッケもいいけれど、せっかくなら、
変わりダネを揚げましょ。
1カップの少なめの油で十分“

”冷蔵庫のおそうじに欠かせないレシピ。
少しくらい野菜の端っこが
干からびててもOKよ(笑)“

残り野菜のかき揚げ

材料(小4個分)

残り野菜(玉ねぎ、にんじん、大葉など)
…合わせて80g
水…大さじ3
小麦粉…大さじ5
揚げ油…適量(鍋底から1cmくらい)
七味塩、カレー塩…各適量

作り方

1 野菜は一口大に切ってボウルに入れ、水をふりかけ混ぜ、小麦粉を全体にまぶして4等分にしてまとめる。

2 フライパンに油を熱し、1を落として時々傾けながら揚げる。お好みの塩で食べる。

“一口サイズが嬉しい！
ホタテは刺身用を選んでね。
半生でも皮がサクッと揚がればOK。
残ったお刺身ならなんでもヘーキよ”

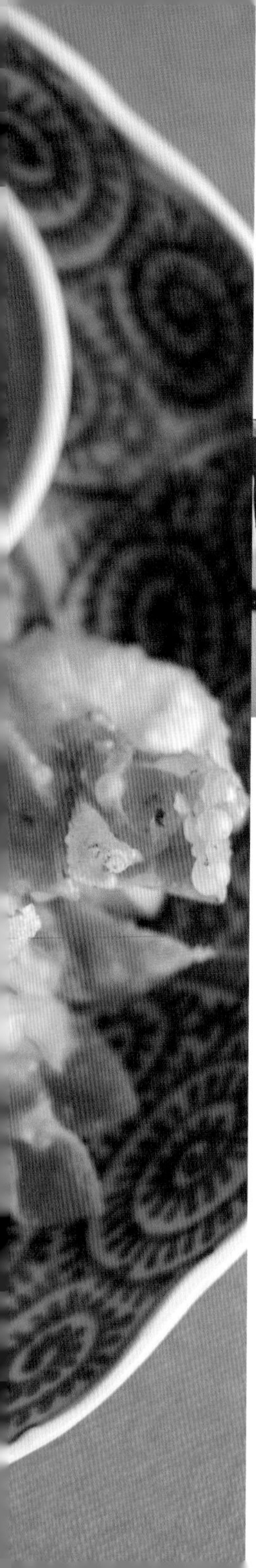

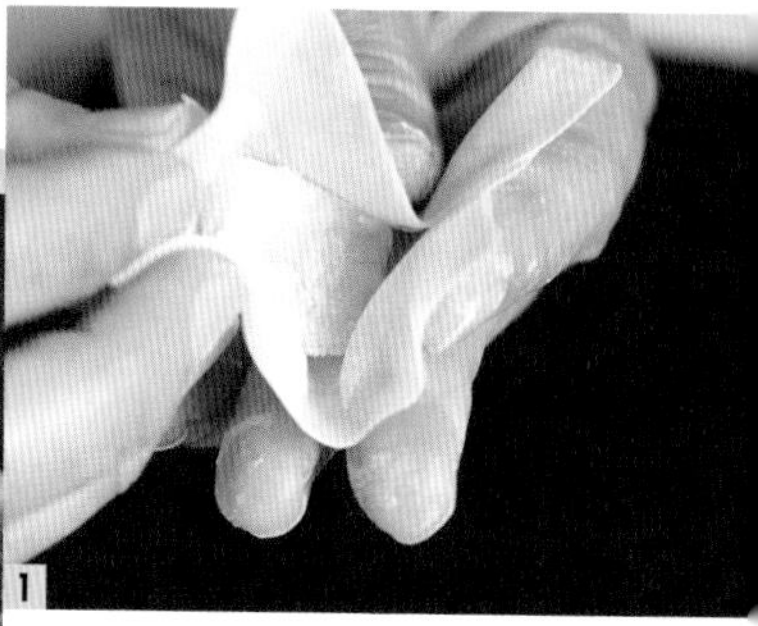

ホタテ揚げ

材料（10個分）

ホタテ貝柱（刺身用）…5個
片栗粉…適量
ワンタンの皮…10枚
揚げ油…適量（鍋底から1cmくらい）
A ケチャップ …大さじ1
A タバスコ…少々
ハーブ塩…適量

作り方

1 ホタテは半分に切り、薄く片栗粉をまぶす。

2 ワンタンの皮に1をひとつずつのせ、皮のフチに水をつけ、包み込むように口をキュッとつまむ 1 。

3 フライパンに油を熱し、2がきつね色になるまで揚げる 2 。器に盛り、ハーブ塩や合わせたAをつけて食べる。

1

2

カリカリごぼうチップス

”かんたんすぎて
ごめんなさい！
香りが売りのごぼうが
いちばん輝くシンプルレシピ。
ポテトフライみたいに
すぐなくなっちゃうかも“

材料（1人分）

ごぼう…50g
小麦粉…大さじ1
揚げ油
　…適量（鍋底から1㎝くらい）
塩…少々

作り方

1 ごぼうは洗い、皮ごとスライサーで斜め薄切りにする 1 。水にサッとさらしてアク抜きし、水をきる。

2 ポリ袋に1と小麦粉を入れてよくふり、全体に小麦粉をまぶす。

3 フライパンに油を熱し、2を揚げて 2 器に盛り、塩をふる。カレー塩や山椒塩もおいしい。

1

えびかつ

材料（小6個分）

A
- えび（殻つき）…6尾（正味100g）
- れんこん（皮ごとすりおろす）…50g
- 塩…少々

パン粉（ドライ）…適量
揚げ油…適量（鍋底から1cmくらい）
ラディッシュ（ドット切り・P9）…適量
中濃ソース、からし…各適量

作り方

1 えびは殻をむき、包丁で粗くたたく。ボウルにAを入れ、よく練る。

2 1を6等分にして小さめの小判形にし、にぎるようにパン粉をしっかりつける 1 。

3 フライパンに油を熱し、2がきつね色になるまで揚げる。器にラディッシュと盛り、中濃ソースやからしをつけて食べる。

＊れんこんの代わりに、みじん切りの玉ねぎでもおいしい

“つなぎはおろしれんこんで、えびのプリプリ食感を生かします。
お弁当のおかずや、サンドイッチにもぴったり！”

頑張った自分を小鍋で癒やしてみて！

具だくさんの鍋なら
おかずと汁物が合体していて、
自然と栄養バランスもとれます
小さい土鍋で熱々を食べるのは
寒い季節に最高〜！
小鍋がない人は普通の鍋や

“根菜をピーラーでむいて、
そのまま鍋の具材に！
薄いから火の通りも早く、豆乳だしがよくからむ!!”

ピラピラピーラー豆乳鍋

材料（1〜2食分）

A
- 水…1カップ
- 鶏もも肉（一口大に切る）…150g

B
- にんじん…50g
- 大根…50g
- ごぼう…50g

- 長ねぎ（斜め薄切り）…20g
- 水菜（ざく切り）…適量
- みそ…大さじ2
- 豆乳（無調整）…2カップ
- ゆずこしょう（お好みで）…適量

作り方

1 鍋にAを入れて火にかけ、鶏肉に火を通す。Bはピーラーでリボン状にし、ごぼうは水にサッとさらしてアク抜きし、水をきる。

2 鶏肉に火が通ったら鍋にBを加え、ごぼうがやわらかくなったらみそを溶かし入れ、豆乳を加えて温める。

3 仕上げに長ねぎと水菜を加え、お好みでゆずこしょうをつけて食べる。〆にゆでうどんを入れても。

＊豆乳を入れたら、ぶくぶく煮立てないように注意。ダマになりやすいです

深めのフライパンでも、
同じように作れるわよ。
豆乳みそ、キムチ味、和風、
トマトの4種の味で
毎日だって飽きません。
“野菜もお肉もたっぷり食べられて手間なし、
具材を好きに変えて無限に楽しめるわよ！”

1

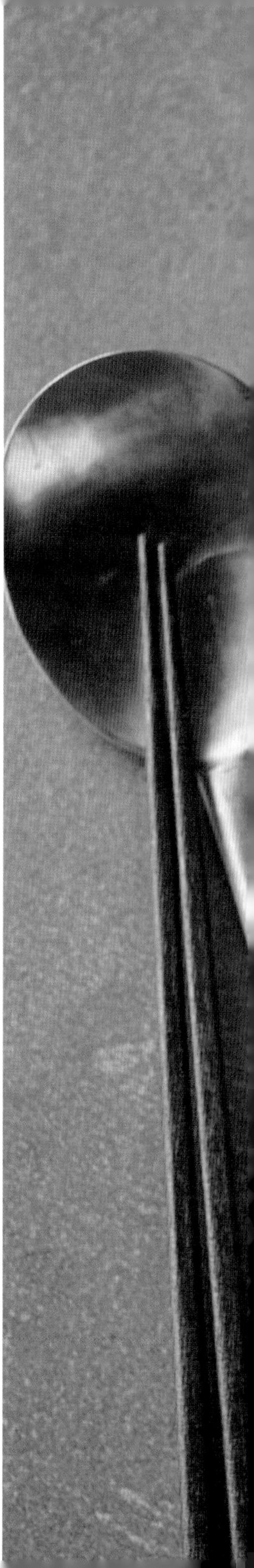

“白いご飯がよく進む、
韓国風の旨辛鍋！
辛さはキムチによっていろいろ。
辛いのが好きなら、一味をふってね”

トンチゲ鍋

材料（1〜2食分）

豚バラ薄切り肉（しゃぶしゃぶ用）…100g
玉ねぎ（くし切り）…½個
ニラ（5㎝長さに切る）…6本
厚揚げ（1㎝幅に切る）…150g
キムチ…100g
A
鶏がらスープ（無塩）…2½カップ
にんにく（薄切り）…2かけ
みそ、コチュジャン、しょうゆ、酒、ごま油…各大さじ1
砂糖…小さじ2
白すりごま（お好みで）…適量

作り方

1 鍋にAを沸かし、玉ねぎと厚揚げ、キムチを入れて煮る 1 。

2 玉ねぎがしんなりしたら、豚肉、ニラを加えて火が通るまで煮る。お好みですりごまをふって食べる。〆はご飯を入れても。

きのこ鍋

材料（1～2食分）

豚肩ロース薄切り肉（しゃぶしゃぶ用）…100g
しめじ、エリンギ（食べやすく切る）…合わせて150g
白菜（そぎ切り）…150g
長ねぎ（斜め薄切り）…1本
A ｜だし汁（かつおだし）…2½カップ
　｜しょうゆ、みりん、酒…各大さじ2
ポン酢…適量
ゆずこしょう…適量

作り方

鍋にAを沸かし、すべての具材を入れて火が通るまで煮る。お好みで、ポン酢やゆずこしょうをつけて食べる。〆はそうめんを入れても。

“きのこってヘルシーでさっぱり、
いくらでも
食べられちゃうわよね”
いいだしが出るのは感動もの！
ほっとしたい日のちゃんこ風鍋です

B
- トマトジュース（無塩）…1½カップ
- バジル（ちぎる）…10枚
- ハーブ塩…小さじ1
- オリーブオイル…大さじ1
- トマト（くし切り）…1個
- キャベツ（ざく切り）…2～3枚

粉チーズ…大さじ2

こしょう…少々

作り方

1 鍋にAを入れて沸かし、玉ねぎがしんなりするまで煮る。

2 1にBを加え、キャベツがやわらかくなるまで火を通す。粉チーズやこしょうをかけて食べる。〆はスライスもちを入れたり、ピザ用チーズを溶かしても。

＊ブロッコリーを入れてもおいしい

“だまされたと思って、一度作ってほしい変わり鍋！
トマト、にんにくの旨みが濃くて、
食欲も元気もモリモリ湧いてきま～す”

リコピン鍋

材料（1～2食分）

A
- 水…1カップ
- 鶏もも肉（一口大に切る）…150g
- 玉ねぎ（薄切り）…¼個（50g）
- にんにく（薄切り）…1かけ

缶詰って便利！何度も人生助かったわ〜。

ひと昔前に比べて、
缶詰や日持ちする食材が
ぐーんと増えました。
常温で保存しておけるし、
水で戻したり、加熱する
必要がないのも本当に魅力的ね。
献立が引き立つ副菜から、
今夜の主役のメインまで
缶詰への恩返しレシピを
ご紹介します！

”「しまった！　買い忘れた～」と一瞬焦っても
買い置きを思い出し
過去の自分をほめるの！
スーパーに行けないときのお守り食材です“

ミックスビーンズ缶サラダ

材料（1人分）

ミックスビーンズ…1缶（120g）
ディル（ざく切り）…大さじ2
塩…小さじ¼
砂糖…小さじ¼
バルサミコ酢…小さじ1～
オリーブオイル…大さじ2

作り方

ボウルにすべての材料を入れて混ぜ、器に盛る。

＊時間が経つほど味がなじんでおいしくなる。冷蔵保存で1週間OK

”お豆は体にもいいし、
サラダのトッピング、スープに便利だけど、
豆が主人公の一品！
ディルがなければバジルでも“

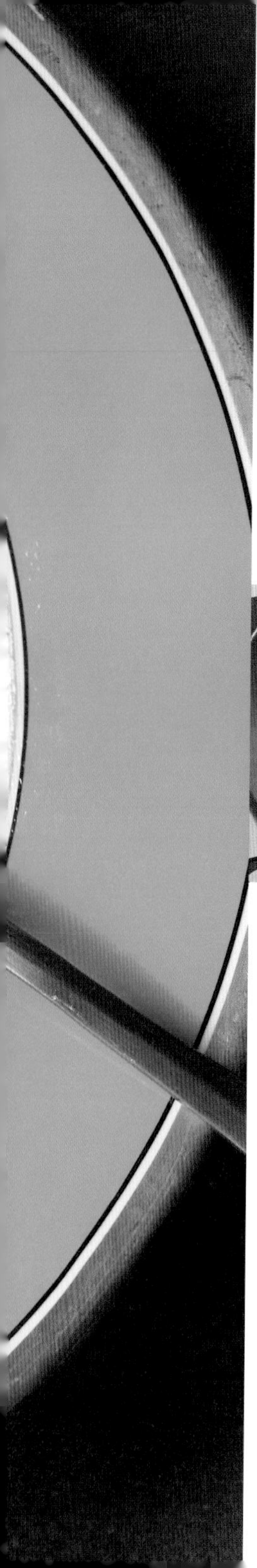

“ツナ缶が家にあると、
たんぱく質をちょっと摂りたいときに
とっても便利よ〜。
マヨネーズで焼くことで
コクがアップ！
食べごたえのあるオムレツです”

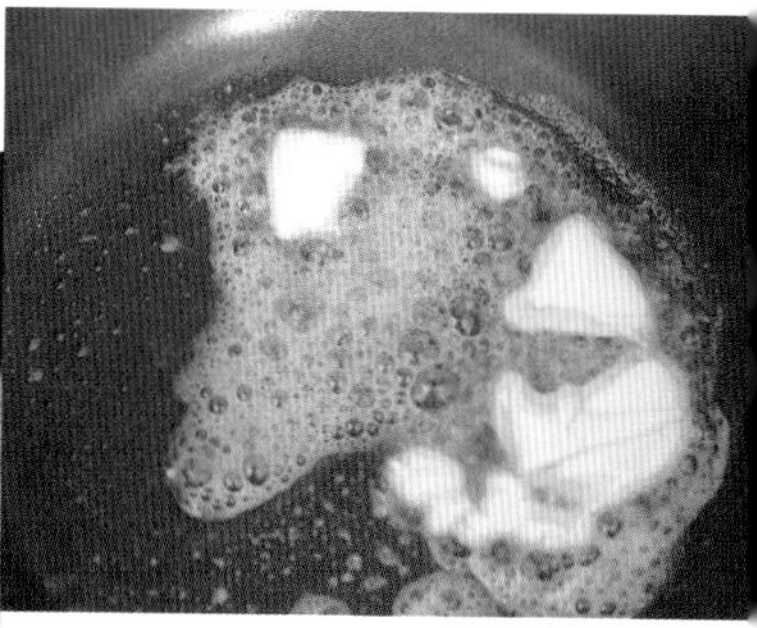

ツナ缶トマ卵《らん》焼き

材料（1人分）

A
- ツナ缶（油漬け・汁ごと）…小1缶（70g）
- トマト（ざく切り）…小1個（100g）
- 卵…2個
- こしょう…少々

マヨネーズ…大さじ1
パセリ（ちぎる）…適量
ハーブ塩（お好みで）…適量

作り方

1 ボウルにAを入れて混ぜる。

2 フライパンにマヨネーズを熱し、1を流し入れて火を通す。返さずずらして器に盛り、パセリを散らす。お好みでハーブ塩をふっても。

“ちょっと地味だけど、
あっという間になくなる危険な一品。
ひじきを戻す手間なし！
混ぜるだけの1分レシピで〜す”

うめぇ ひじき缶 ふりかけ

材料（作りやすい分量）

- A
  - ひじき缶…50g
  - しらす…30g
  - 梅干し（種を除いてたたく）…2個（正味20g）
  - 削り節（袋の上からもんで細かくする）…2g
- 焼きのり…適量
- ご飯…適量

作り方

ボウルにAを入れて混ぜる。のりにご飯、ふりかけをのせてくるんで食べる。

*大葉を一緒に巻いてもおいしい
*ひじきが余ったら、サラダにのせたり、納豆に混ぜたり、いろいろ試してね

“コトコト煮込まない
かんたんシチューよ！
**市販の炒め玉ねぎで時短できるの。
パスタソースやグラタンにもぴったりね〜。
バゲットを浸しても絶対おいしい！”**

缶缶サバシチュー

材料（作りやすい分量）

A
- サバ缶（水煮・汁ごと）…1缶（190g）
- トマト缶（カット）…1缶（400g）
- 炒め玉ねぎ（市販）…1袋（180g）
- 水…½カップ
- 砂糖…大さじ1
- ハーブ塩…小さじ1〜
- こしょう…少々
- バジル（ちぎる）…8枚

にんにく（みじん切り）…大さじ3
オリーブオイル…大さじ2
バジル…適量
プレーンヨーグルト…適量
粉チーズ（お好みで）…適量

作り方

1 鍋にオリーブオイルを熱し、にんにくを炒める。

2 1にAを加え、沸いたらふたをして中火で3〜4分火を通す。器に盛ってヨーグルトをかけ、バジルを散らす。お好みで粉チーズをかけてもおいしい。

朝ごはん

”今日1日の
始まりだからこそ、
元気になれる食事を！

毎日決まったものを
食べている人も多いと思うけど、
ちょっと冒険してみない？

朝ごはんの話になると、
ご飯派、パン派って聞くけど
もっと自由でいいと思うの。
慣れない料理を作ったり、
新しい味を口に入れると、
朝からシャキッとするはず！
忙しい人でも休みの前日に
この本を眺めていたら、
朝起きて食べるのが
待ち遠しくなるわよ。
作ってほしいな〜。

1

めざまし
コーヒーごはん

材料（1人分）

ハム（粗みじん切り）…1枚
しめじ（1cm長さに切る）…30g
しいたけ（1cmの角切り）…1枚（30g）
A｜インスタントコーヒー…大さじ½
A｜熱湯…大さじ1
塩…ふたつまみ
こしょう…少々
ご飯…200g
卵…1個
ココナッツオイル（またはサラダ油）…大さじ1½
ベビーリーフ、ミニトマト…各適量

作り方

1 フライパンにココナッツオイル大さじ1を熱し、きのこ、ハム、ご飯を順に加えて炒める。合わせたAを回しかけ 1 、塩、こしょうで味をととのえて器に盛る。

2 同じフライパンにココナッツオイル大さじ½を熱し、ふたをしないで目玉焼きを作って（ふたをして膜を作ってもOK）1にのせる。ベビーリーフやミニトマトと器に盛る。

何食べるか
考えるのって
幸せね。

“コーヒー×ご飯の
組み合わせは驚かれるけど、
大人なピラフ感覚で
クセになる！
冷めてもおいしいから、
お弁当にしてもいいかもね”

作り方

1 食パンの白い部分を指で押し、へこませる 1 。

2 1にマスタードとケチャップをぬる。

3 2にAを上から順にのせ 2 、トースターでチーズが溶けるまで焼く。器に盛り、ブロッコリースプラウトを散らす。

＊ブロッコリースプラウトは栄養満点！

凹《ヘコ》パン
ピザトースト

材料（1人分）

食パン（6枚切り）…1枚

A
- 玉ねぎ（薄切り）…20g
- マッシュルーム（薄切り）…1個
- トマト（薄めの半月切り）…小½個
- ソーセージ（5㎜厚さの斜め薄切り）…1本
- ピザ用チーズ…20g

ケチャップ…大さじ1

イエローマスタード…小さじ2

ブロッコリースプラウト
…適量

“食パンをヘコませることで、
具材がたっぷりのります。
1枚で栄養がしっかり摂れて、
おなかもいっぱいに！”

1

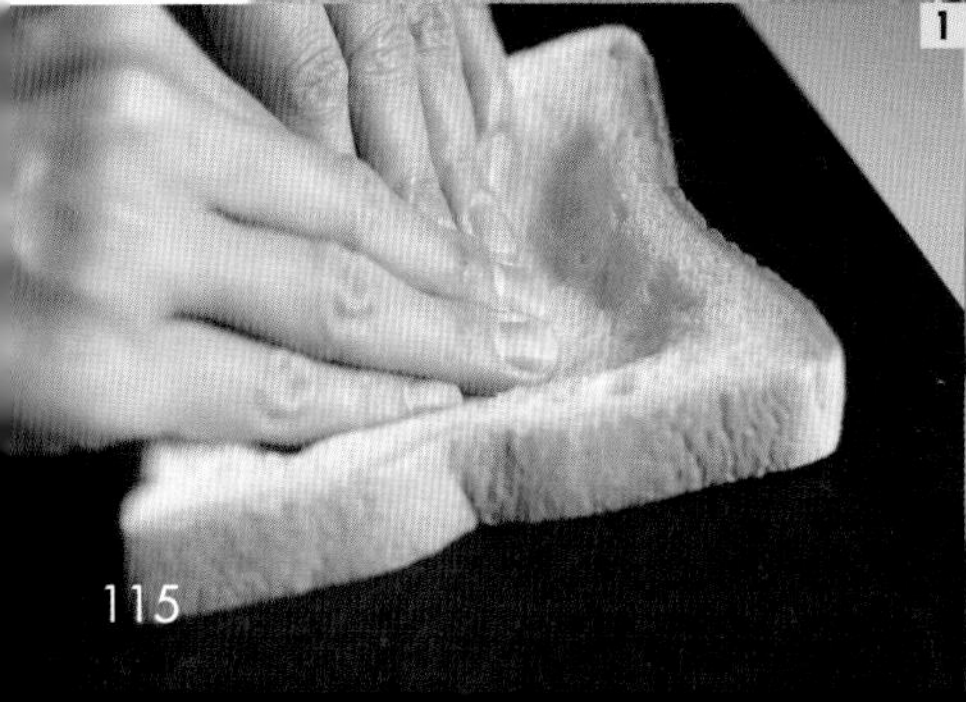

2

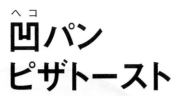

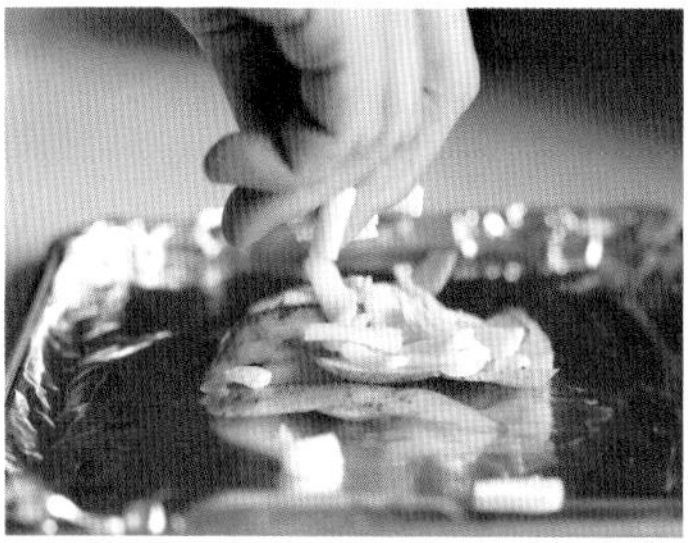

“じゃがいもの皮、
ずっと捨ててたでしょ!?
皮がいっぱい出たときに作ってみてね”

ひとくちポテトスキン

材料と作り方

トースターの受け皿にホイルをしいて、**オリーブオイル**をぬり、じゃがいもの皮を並べる。**ピザ用チーズ**、**塩**、**こしょう**、**タイム**を散らし、トースターで焼き色がつくまで焼く。

ポテッツスープ

“ブレンダーなどを使わずに、
じゃがいもをつぶし、
牛乳でのばすだけ。
寒い朝に嬉しい一皿に”

材料（1人分）

A | じゃがいも（皮をむいてごく薄切り）…50g
  | 玉ねぎ（みじん切り）…50g

牛乳…½カップ
バター…10g
塩…ふたつまみ
こしょう…少々

B | 水…1カップ
  | オイスターソース…小さじ⅓

タイム（葉をしごく・あれば）…少々

作り方

1 鍋にバターとAを入れて炒め、しんなりしたらBを加えてふたをして5分煮る。ふたを取って水分が飛ぶまで煮詰める。

2 1をフォークでしっかりつぶし、牛乳を加えて温め、塩、こしょうで味をととのえる。器に盛り、あればタイムを散らす。

＊皮も食べるので、よく洗ってからむくこと

SUCRE
SUCRE
SUCRE

”魚はあらからいいだしが取れるけど、
食べるのに骨が邪魔でしょ？
ツナなら丸ごと具になって
旨みもたっぷり、だしいらず！“

缶たんアラみそ汁

材料（2食分）

A
- ツナ缶（油漬け・汁気をきる）…小1缶（70g）
- 大根（細切り）…100g
- 長ねぎ（白い部分・小口切り）…30g
- しょうが（せん切り）…少々
- 水…2½カップ

みそ…大さじ2
七味唐辛子（お好みで）…適量

作り方

1 鍋にAを入れ1、沸いたらふたをして弱火で大根に火が通るまで煮る。

2 1にみそを溶かし入れ、器に盛る。お好みで七味唐辛子をふる。

＊冷めてもおいしい。夏は冷や汁感覚で召し上がれ

”生米じゃなくて、炊いたご飯を入れて煮るから時短！
忙しい朝でもパッと作れて、消化もいいの。
ザーサイが味の決め手よ！“

ザーサイと豚のおかゆ

材料（1人分）

豚バラ薄切り肉（細切り）
…50g
ザーサイ（瓶詰・刻む）…25g
水…1½カップ
ご飯…100g
しょうゆ…小さじ1弱
ごま油…小さじ½
細ねぎ（小口切り）…少々
こしょう…少々

作り方

1 鍋にごま油を熱し、豚肉を炒め、焼き色がついたらザーサイを加えてさらに炒める 1 。

2 1に水とご飯を加え、5分ほど火を通したらしょうゆで味をととのえる。器に盛り、こしょうをふって細ねぎを散らす。

スイーツで、ひとさじの驚きを。

クッキーを型抜きしたり、
オーブンで予熱して焼くのは
どうも性に合わないのね。
たまに甘いものが欲しくなって
思いつきで作ってみたら、
なかなかステキなスイーツが
できちゃいました！

“ティーバッグの
出がらしでも
生地に練り込むと、
香り豊かな
しっとりクッキーに”

出がらし パンクッキー

材料（8〜10枚分）

食パン（6枚切り）…1枚
バター…20g
卵…½個
砂糖…大さじ2½
紅茶の出がらし…2つ分

作り方

1 フードプロセッサーにすべての材料を入れ（紅茶の出がらしは軽く絞る）、15秒ほどかくはんする。

2 1を取り出してラップで包んで冷蔵庫で30分冷やし、8〜10等分にして一口大に丸めて平らにし、油適量（分量外）をぬったホイルにのせる。トースターで7〜8分こんがりするまで焼く。

＊生地がやわらかい場合は食パンを足す

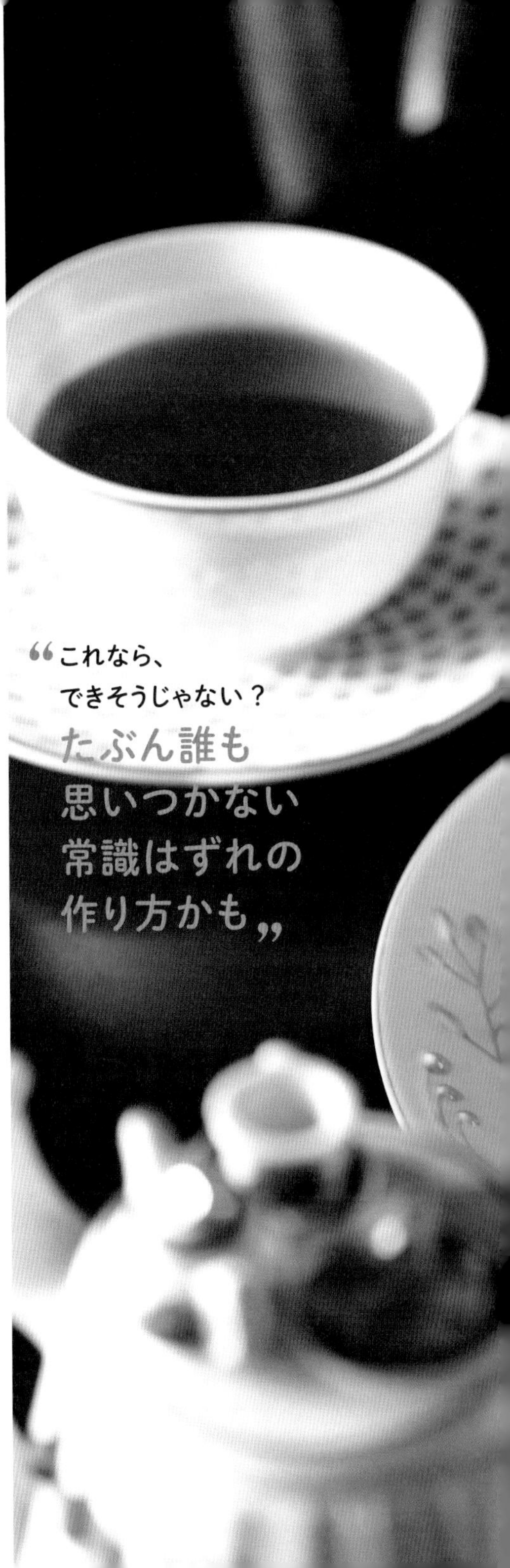

“**これなら、**
できそうじゃない？
たぶん誰も
思いつかない
常識はずれの
作り方かも”

“焼かない、
混ぜるだけでかんたん！
できたてはサクサク、翌日はしっとり。
食感を二度
楽しめるのよ～”

1

2

特級特急トリュフ

材料（10～12個分）

プレーンビスケット
（マリーなど）…12枚
生クリーム（脂肪分42%）
…大さじ6
ココアパウダー…大さじ2
砂糖…大さじ2
ラム酒（あれば）…小さじ1
ココアパウダー（コーティング用）
…適量

作り方

1 ビスケットは袋のまま砕いて細かくする。

2 ボウルにココアパウダー大さじ2を入れ、生クリームを少しずつ加えながら混ぜる 1 。

3 2に砂糖とラム酒を加えて混ぜ、1を加えてさらに混ぜる 2 。

4 手のひらにラップを広げ、3を10～12等分にしてスプーンで取り、絞って丸め、表面にココアパウダーをまぶす。

＊お子さんやお酒の苦手な人は、ラム酒なしでどうぞ

“低カロリーだから安心。
安い豆腐がいいので、お金がかからず安心。
固める手間がなくて安心！
火を使わないから安心!!
料理初心者でも杏仁豆腐？が
安心して作れま〜す”

1

安心豆腐

材料（作りやすい分量）

絹ごし豆腐…150g

A
- 牛乳…1カップ
- ココナッツミルク…½カップ
- 砂糖…大さじ3
- アーモンドエッセンス…10滴

ミント…少々

作り方

ボウルに**A**を入れてよく混ぜ、豆腐をひし形に切って**1**加える。夏は冷蔵庫で冷やす。器に盛ってミントを添える。

＊高い豆腐より安い豆腐のほうが、本物っぽくなる！

＊いちごなど、好みのフルーツを入れるのもおすすめ

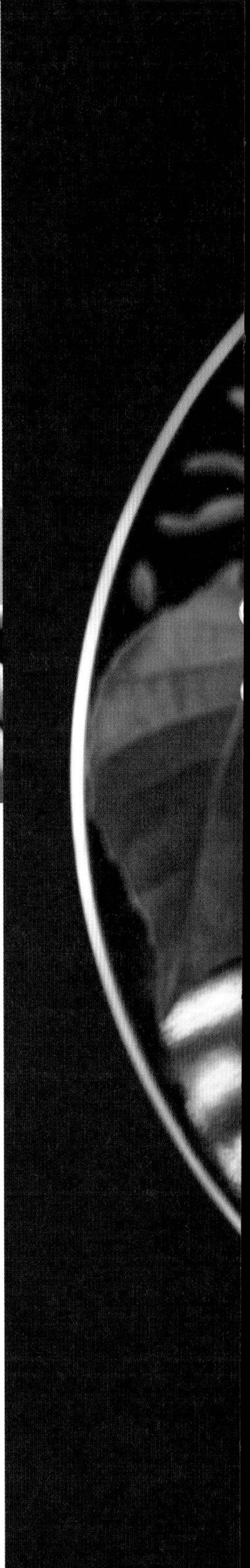

「家族のため」が「自分のため」に

結婚当初から、「おいしかったな～」という料理をノートにせっせと書いています。家族に作ったごはんは感想も忘れないようにメモしていたから、読み返すたびに「ワッハッハ」って笑える宝物になりました。ステキな外食もたくさん食べて、驚きと発見の連続！　毎日がレシピのヒントになったわ～。

私にとって、おいしい料理を作る原動力は、家族への愛。ほめてくれる人がいたからたくさんレシピが生まれたし、進化していったし、その経験があったからこそ、今でも料理がとーっても楽しいの！

ひとりだと自炊が面倒な理由ばかり浮かんでくるけど、自炊＝パラダイスって考えたらどうかしら？　嫌いなものは絶対に出てこないし（笑）、誰かに見せるわけでもないから1品だけの日があってもいいじゃない。冒険するのも大歓迎！

忘れないでほしいのは、無理のない範囲で作り続けて、自分の味を見つけること。買ってきたお惣菜に慣れていると、「まぁ、いっか」ってどんどん適当になっちゃう。せっかく五感のある人間なのにもったいないわよね。一食一食を大事に、自分のために料理をできる人ってステキで無敵なの。応援してるわよ！

平野レミ

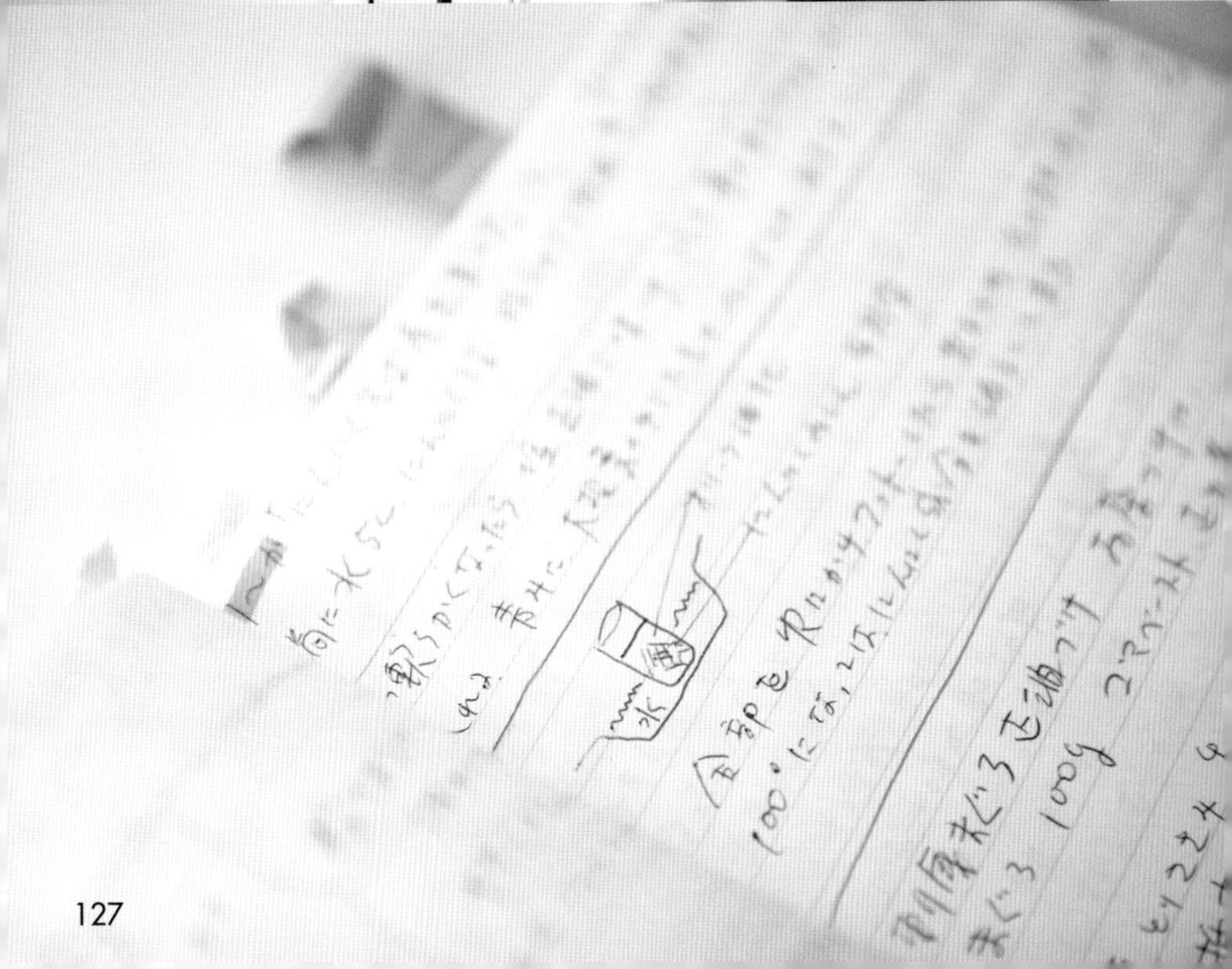

［著者］

平野レミ（ひらの・れみ）

料理愛好家・シャンソン歌手。主婦として家庭料理を作り続けた経験を生かし、「料理愛好家」として活躍。“シェフ料理”ではなく“シュフ料理”をモットーに、テレビ、雑誌などを通じて数々のアイデア料理を発信。また、元気印の講演会、エッセイを通じて、明るく元気なライフスタイルを提案するほか、特産物を使った料理で全国の町おこしなどにも参加し、好評を得る。レミパンやジップロン（オリジナルのエプロン）などのキッチングッズの開発も行っている。著書50冊以上。エッセイ『おいしい子育て』（ポプラ社）は第9回料理レシピ本大賞エッセイ賞を受賞。

https://remy.jp

平野レミの自炊ごはん

——せっかちなわたしが毎日作っている72品

2024年3月26日　第1刷発行
2024年10月21日　第7刷発行

著　者——平野レミ
発行所——ダイヤモンド社
〒150-8409　東京都渋谷区神宮前6-12-17
https://www.diamond.co.jp/
電話／03·5778·7233（編集）　03·5778·7240（販売）

装画——和田誠
ブックデザイン—野澤亨子（Permanent Yellow Orange）
撮影——邑口京一郎
スタイリング—西﨑弥沙
校正——円水社
調理アシスタント—数本知子、都留沙矢香
協力——奥田暁美（株式会社レミックス）
DTP——天龍社
製作進行——ダイヤモンド・グラフィック社
印刷——勇進印刷
製本——ブックアート
編集担当——和田泰次郎（t.wada@diamond.co.jp）

ISBN 978-4-478-11916-7
落丁・乱丁本はお手数ですが小社営業局宛にお送りください。送料小社負担にてお取替えいたします。但し、古書店で購入されたものについてはお取替えできません。

Printed in Japan